親のしごと教師のしごと

賢治の学校の挑戦

鳥山敏子【Toriyama Toshiko】

法藏館

親のしごと　教師のしごと―賢治の学校の挑戦　目次

序章　子どもたちが壊したいもの

【第I部　公教育の限界】

第1章　文部省が見落としたもの

第2章　自由とは何か

第3章　管理教育の本当の意味――「プロ教師の会」のあやまち

第4章　どういう人間を育てるのか

【第II部　家族のきずな】

第5章　家族のきずな

親のしごと　教師のしごと

——賢治の学校の挑戦——

装幀・北見　隆

序章　子どもたちが壊したいもの

◆どうして学校に行くのか

学級崩壊について語られるとき、「教室が落ちつかなくなった」「子どもが変わってしまった」「いま一度管理教育を」という声を発する教師が現われるようになりました。これは一見、教室や子どもたちの状況、それに対する対策を冷静に語っているように聞こえますが、私には、この言葉の裏には、今までのやり方が使えなくなった教師の怒りや、自分のやってきたことを正当化しようとする教師のごまかしが隠されているように思えます。

こういう言い方は、子どもの教育にまじめに取り組み、疲れ切っている多くの教師たちに対してはとても酷な言い方ですが、自分がどんな学校、学級をつくってきたのか、子どものからだにどう働きかけ、何を残してきたのか、その授業の実際と、子どもたちの前に立っていた自分の立ちようを、子どもの側から見直してみることをせずに語られている言葉のように思えてなりません。

子どもたちのすることが、とても自分の手には負えないように思えるからといって、教師が「子どもが変わってしまった」と簡単に片づけてしまっていいものでしょうか。私には、子どもの中に長い間閉じ込められていた、大人社会や学校、親に対して納得できないものが、「学級崩壊」「不登校」というかたちをとって、やっと表面化してきたように見えるのです。たとえば、毎日学校に行き、どんなに天気がいい日でも、朝から夕方までコンクリートでできた四角い教室の中にいて、ずっと同じ席に座っていなければならないといったことは、本来動く生きものである動物の人間にとって、かなり異常な状態だという見方はされません。

かつては、教室でおとなしく席についていれば、自分のからだが愉快になったり、元気が出たりすることが多かった時代がありました。食べることが大変だった時代は、子どもは家族の貧しい生活を助けるため、お金を得ることのできる資格を取ろうとしました。それが将来の就職につながり、自分を犠牲にして育ててくれた親や家族の恩に少しでも報いることができるようになることが、子どもたちを学校に通わせる大きな力になっていました。豊かになるにつれて、学校に行くことが、自分自身の能力や努力、存在そのものを認めさせることにもなっていきました。この効力がある間、子どもたちは自ら学校に行くことに疑問を抱くことはありませんでした。

また、学ぶことによって、分からない世界が分かるようになる面白さがわいてきたり、日常の何気ないこと一つとっても、自然や人間の長い歴史の流れの中でとらえると、地域や人間のドラマや知恵が自分の存在そのものとつながっていることが分かります。また、友だちとの交流の喜びや、生きることの愉快さや、自然や人間とのつながりや感謝の気持ちがわいてきたりして、知的な面でも世界とからだがより深くつながっていくことからくる充実感や喜びが、子どもたちの足を自然に学校に運ばせていました。こういうふうに、学校に行くことでからだが生き生きとしてくる時代にあっては、子どもたちは座っていることができたのです。

けれども、いまの子どもたちのからだは、洪水のように押し寄せてくる情報のなかで、将来のためにいまを我慢して高い学歴を得たり、社会に出て仕事をしている大人が、幸せそうでも面白そうでもないことをはっきりと感じるようになってきました。そういうふうに生きてきた大人たちがつくった社会が、子どもである自分がこれから希望をもって生きることができる社会になっていないことを、からだで知ってしまったのです。

なぜ学校に行かなければいけないのか、何のために勉強するのか、どうして役に立ちそうもない勉強をするためにじっと座っていないといけないのかといった、これまで子どもたちのからだの奥深くに眠っていた、本気で問い詰めたかった問いが、まだはっきりと思考回路を通ってはいないけれども、からだの次元で問われはじめてきたのです。いまはまだそれが言葉でうまく表現しきれていないため、大人の目には子どもたちの反乱とも映る、からだの行為というかたちで出てきているように思います。

それなのに多くの大人たちは、子どもたちの行為が何を意味しているのか、何を大人、学校、社会に対して表現しているのか、正面から問おうとはしません。そんなことをする子どもは「問題行動児」であったり、「病気」に違いないと決めつけ、病名をつけることで、自分が子どもに対してしてしまっていることを見ないようにさえしてしまうのです。

◆子どもたちが壊したいもの

TBSの「筑紫哲也　ニュース23」と協力して、「学級大崩壊」という番組をつくりました。そのための三泊四日の合宿に、賢治の学校のネットワークを中心に、全国から七〇人が集まりました。親、教師、子どもたち全員が、自分の顔がテレビに映ることを了解して、参加を決意しました。子どもたちのなかには、不登校児、いじめられっ子、いじめっ子、そのOB、OGたちもいました。

そのなかで、実際に学級を崩壊させていた三人の男の子たちに、会場に準備された教室のセットの中で話を聞きました。彼らは中学を卒業したばかりです。

「とにかく先生を憎まないといけない」

「半径五メートルに近寄ったら許さない」

「ウゼー」

「先生は昨日食った夕飯みたいなもの。思い出そうとしても思い出せない」

「おれが先生だったら間違いなくやめるね」

「先生は教育委員会から手錠をかけられていて、両手両足使えない」

私は、彼らの一言一言に非常に興味を持ちました。学級崩壊を起こしつづけてきた若者から直接聞く、初めての言葉です。迫力満点、気合が入っています。「半径五メートル以内に絶対に近づくなという眼光の鋭さを持っていなければ、学級を崩壊させることなどできない」と彼らは言います。彼らはその場に居合わせた参加者を見まわし、「ここにいる人たちはまだその目つきができてないから、学級崩壊は起こせない」と言って、学級崩壊を目の前で再現してくれました。

先生が教室に入ってきます。すると、一人の男の子が「先生さよなら」と教室から出ていこうとします。「ちょっと待て」と先生がその子を止めようとすると、別の男の子が何か始めます。先生がその子にかかわろうとすると、また別の子が行動を起こすといった具合で、子どもたちの間で見事な連携行動がとられるのです。

その時の彼らの様子は、バラエティ番組でよくあるような、若い芸人のグループによる、笑いを取るためのかけあいのやりとりと重なって見えました。あの何とも言えない絶妙の間の取り方、一瞬のすきなく動く連携プレーの呼吸にそっくりです。

「生徒のなかにはAからEまで五つのランクがある」と彼らは言います。まずAは「言うことを聞かないとボコボコにしてやる」と教師ににらみをきかせている子どもたちで、クラスの三〇パーセントを占めていると言うのです。Bは、Aにはかなわないけれど Aに準ずる子どもたちで二五パーセント。AとBの生徒が結託すると、五五パーセント、つまり一クラスの半分以上を占めることになりますから、いっぺんに学級崩壊が起こります。

Cはときどき授業を受けるけれども、絶対にAやBには逆らえない子ども。DはCよりもまじめに授業を受ける子どもです。でもほかのランクのクラスメートと一切かかわりを持とうとしません。Eは勉強ひとすじで閉じこもって、ほかの誰とも絶対にかかわりを持たない子どもです。こういうふうに、クラスのなかが五つの階層にはっきりと分かれているそうなのです。

Aランクの子どもたちには、教師でさえ手出しできません。かつてはAランクはいわゆる学校の勉強のできない生徒が多かったのですが、いまは違います。塾でしっかり勉強して、進学校に合格するような子どもが中心になることが多いのです。そういう子どもたちは、学校に勉強を期待しません。受験のための勉強は、塾に行けばできると思っている彼らにとって、学校は、自分のからだにたまった怒り、恨みを噴き出させ、すべてを無茶苦茶にして遊ぶところです。

Aランクの生徒たちとうまくつきあう先生は、Aランクが何をしても叱りません。でもほかのランクの生徒が同じことをすると叱ります。叱られたほかのランクの子どもたちは、当然納得できませんから怒ります。そういうなかで、子どもたち同士の関係は分裂していくのです。それは子ども同士ではなく、学校、教師への不満としてさらに蓄積されていきます。そうなってしまうと、学校は本当は何を学ぶところなのかという問いを投げかけることもなくなり、学ぶことの本質からどんどん遠ざかってしまいます。

三人のうちの一人は、父親にも母親にも絶対に頭が上がらない、厳格な家庭で育っています。彼は言います。「学級崩壊を起こしている張本人だとばれたら、学費や小遣いをもらえなくなる」と。彼は、家では完璧にいい子を演じていながら、学校ではクラスメイトを思う存分支配し、先生をうろたえさせて、小学校から中学校まで学級崩壊を起こしつづけてきたのです。

学級崩壊を起こす子どもたちにとっては、学校は天国です。学級は自分たちのグループの天下ですから、行くのが面白くてならないのです。学校に行くのが嫌いな子どもが学級崩壊を起こしているわけではなく、彼らのような子どもたちが、いまやクラスの半分を牛耳って、クラスを思うように仕切っているのです。

学級を崩壊させるような行動をとりはじめた子どもは、本当に生き生きしています。それまでずっと鬱々《うつうつ》とすごしてきましたから、すかっとするのでしょう。A、Bはもちろん、C、D、Eのランクのすべての子どもに、そういう要素はあるのです。自分と親との関係のなかで、かろうじてCになったりD、Eになったりしているのです。

◆プロ教師とダメ教師

教師の側からの学級崩壊に対する現実的な取り組みを探るため、埼玉県の小学校、中学校、高校の教師たちがつくった「プロ教師の会」の教師たちにも、合宿に加わってもらいました。彼らは、「いまあえて管理教育を」と主張しています。学級崩壊の原因の一つを、「世のなかが灰色だから」と「プロ教師の会」の教師の一人が言いました。いまの子どもたちは、自分にとって世のなかが灰色なのはおかしい、ピンクでないとおかしいと思うから、世のなかに合わせようとしない。だから学級崩壊が起きる、というのです。

「公教育は個人としての教師が自分の意見を述べる場ではない」

「大人の常識とぼく個人の考え方は、ずれている。だからといって、生徒に対してぼく個人の考え方を出して、世のなかはこうだけれど、ぼくは本当はこう思っているなんてことは言わない」

「公教育は、教師と生徒が個人的なコミュニケーションをするためにつくられたものではない。個人と個人が出会って、心を通わせるのが教育だとは私は思っていない。そういう教師は危険です。自分の価値観を生徒たちに押しつけ、相手が思うとおりにならないと、相手が悪いと思うから」

「子どもを理解したいと思う気持ちは、支配欲につながる」

「教師が共感したと思っても、生徒に通じていない場合が多い」

こういった彼らの言葉からは、彼らがなぜ教師をしているのか、なぜ子どもたちに教えたいと思うのか、参加者たちには伝わりませんでした。

また、学級崩壊の原因として、「ダメ教師がいるから子どもたちが荒れる」と、教師の質を問題視する見方もあります。そこで、「ニュース23」のスタッフは、この合宿に、ある中学校教師の参加を予定していました。私たちのワークの中に、彼が登場しました。彼は自分のことを「ダメ教師」と呼んでいます。彼に、学級崩壊を起こしたクラスの生徒たちとのやりとりを話してもらいました。

授業が始まっても、教室で席についている生徒は半分です。廊下に出ている子どもたちに教室に入るよう注意すると、「なぜ私だけ注意するの。ほかにも同じことをしている子がいるのに、ひいきだ」と食ってかかったり、壁を思い切りけとばして、教室から出ていってしまう子がいるというのです。また、彼が話しはじめるよりも早く、教室では物が飛びかい、子どもたちは大騒ぎを始めてしまうそうです。一方、彼の話を聞いていた参加者の子どもたちは、彼の言葉づかいやしぐさに見られる頼りなさに、怒りを覚えていました。

◆子どもの「個」を育てる

おそらくAランクの子どもの親のほとんどは、自分の子どもが学級を崩壊させているもっとも中心的な存在だということを知らないでしょうし、担任から報告を受けても認めないでしょう。

かつて私は、学級崩壊を起こしていたわけではありませんが、クラスでいじめを起こしていた子どもの親に、その事実を告げたことがありました。親は私の話に耳を貸そうとせず、「先生が悪い」と言いだしました。「わが子が学校でどんなことをしているか、見に来てください」と何度言っても、学校に足を運ぼうとはしませんでした。ところが、ある時、珍しくその親が学校にやって来ました。すると、子どもの態度が豹変しました。いつもはほかの子どもをさんざんいじめているのに、すっかりおとなしくなって、隠れてしまいました。

子どもの言い分を決して認めようとしない親の前では、子どもは声が出ないのです。子どもがやっとの思いで胸のうちをうちあけたのに、何倍もの言葉が親から返ってきたりすると、やっぱり言うんじゃなかったと、後悔することになってしまいます。「親には言えない。親は怖い」「がんばって育ててくれている親がかわいそう」「親に言ってもしようがない」「何を言っても聞いてくれない」と口にする子どもの多さに驚くばかりです。

親子の関係において、精神的に自由でない人が多いのです。あなたは自分が思っていることのうちで、いちばん肝心なことを親に言えていますか。自分にとって言いにくいと感じていることを言えない人が、本当に多いのです。また、当たりさわりのないことをたくさん子どもや夫と話すことで、主婦のつとめを果たしている気になっている人も大勢います。

子どものほうも、いちばん肝心なことを親に言えません。それを言うと親が怒りだすことを知っているからです。本当はそれを言ったほうがいいときでさえ、親の影におびえ、言えないでいるのです。日本では、親子が精神的に自由な関係を築きあげていくことは、よほど意識的に取り組まないと難しいかもしれません。小学校高学年から中学生、高校生くらいになって、「うるせえな」と親に言うようになる子どもたちは、小さいときは親に思っていることを言えなかった子どもたちなのです。

あるいは、ここ数年大きな話題になっているアダルトチルドレンの問題は、子どもが思っていることを自由に親に表現できなかった家庭であったために起きているのです。自分が感じていること、思っていることをきちんと主張する、自由な雰囲気のない家庭では、おたがいが相手を自分の手足のように使いあうことが多く、個人としての存在がくっきりしない関係になっています。そのため、一人ひとりが、自分の感覚で、自分の言葉で自己主張することができず、やりたくないことを当然やるべきことのようにやりあっていて、家族のそれぞれが癒着し、依存しあっていて、家庭は疲れるところ、「個」を育てないところになっているのです。

「個」が育っていない社会で、「学校」という集団を作るのは大変です。そもそも教師たちが個として育てられていないところに問題がありますし、教師自身も個として立とうとしていないところに、さらに大きな問題があるのです。まわりと足並みを揃えていないと不安に感じる人が親や教師をやっている状態では、子どもが自分の「個」を保つことは難しいのです。

◆自他の区別をどうつけるか

自分のすることと人のすることの区別がつかない子どもたちは、自分が好きなようにふるまったときにほかの人がどう感じるか、想像することができません。そういう子どもたちが集まった学校で、子どもたちを集団として機能させようとすると、どうしても無理じいすることが多くなってしまいます。

戦後、自分のことは自分でやるように育てられた時期がありました。親が忙しく、兄弟が多かったため、そうならざるをえなかったのです。ところが、一九八〇年代の初め頃、一年生の男の子が、隣の席の友だちが持っている本を指さして、「貸してくれない」と訴え、泣いている場面に出会いました。事情をたずねてみたところ、相手の男の子は、ただ単に「貸したくないから貸さない」と言っているだけなのです。泣いた男の子の家では、きっと何事もその子が中心で、欲しいものは何でももらえるのが当たり前になっていたのでしょう。だから、自分の要求に対して相手が「嫌だ」ということが飲み込めないのです。相手が「嫌だ」ということを受け入れる学習を、大きくなる過程で積み重ねてこなかったのです。

でも、学校のなかではそういうわけにはいきません。集団で生活する場合、他者のなかの自分を見つめる視点がないと、集団生活そのものが成り立たなくなります。とくに低学年は、本当に大変です。一年生の担任をしていたときなど、二、三時間で子どもたちを家に帰したくなりました。一、二年生にとっては、相手が自分の話を聞いてくれているかどうかがとても大切です。自分の話を相手が聞いてくれる土台があってはじめて、相手に話したり、相手の話を聞こうとする意欲がわいてくるからです。人とコミュニケーションしたいという心がないところでは、集団生活など何の意味ももちません。

子どもたち同士のトラブルに教師がどうかかわるかについては、教師のトラウマと深く関係しています。家族の中で起きたトラブルがいい結果を生まなかった家庭で育った教師は、子ども同士のトラブルを、子どもたちの関係作りのために使うことができません。とにかくトラブルを早くおさめようと謝らせたり、その場をまとめようとする心のせいで、トラブルの核心に迫れないからです。そんなことでは、トラブルを起こしている両者が本当に言いたかったことを表現しきる手伝いはできません。こういう教師に対して、子どもたちが何を言っても無駄だと思ったり、暴力的になったりするのは、当然でもあるのです。もちろんこれは親についても同じです。

教師や親や大人が、全身を耳や目にして子どもに対応することで、子どもは人とかかわる面白さを体験し、それは同時に教師や親自身のからだをもいきいきとさせるのです。しかしそういう集中力を持続するのは教師も子どもも大変ですから、授業は午前中だけで充分な気がします。とても六時間も続けられるようなものではありません。

人の話を聞きとるには、集中力と想像力が必要です。表現された一つの言葉のベースになっている、本人のからだから言葉としてまだ表現されていない思い、考え、動きを聞き取る力が必要です。たとえば教師は、一人の子どもの話を聞いている間も、別の子どものからだの中に起きている変化を見逃すわけにはいきません。教室にいるすべての子どもの話を聞く訓練を、同時に進行させる必要があるのです。教室の中のコミュニケーションは、子どもたちが、自分の言いたいことだけを言うために、ほかの人の話を聞かないで待っているようでは成り立たないのです。

子どもたちに、「人の話を聞くということは、いろいろな考えやイメージがわいてきて、こんなに面白いんだ」と思うような体験をたくさんさせないと、聞く意欲はわいてきません。自分が考えつかないようなことを言う人の話を聞くことによって、自分が想像もしなかったイメージや考えが生まれてくる体験をするような授業が、とても大切なのです。そういうことがベースにない授業では、コミュニケーションをするための努力が強制されることになってしまいます。それでは人とかかわる面白さの発見にはつながっていかないのです。

◆一人ずつの「さようなら」

一年生は、学級全体で「さようなら」と挨拶をすませても、その後で、一人ずつ、教師のところに「さようなら」と言いにきます。私はこのことが不思議でなりませんでしたが、あるときはっと気がつきました。一年生にとっては、全体での「さようなら」は、自分の内側からくる「さようなら」ではなかったのだと。全体の挨拶では、本当の「さようなら」をしたことにならず、一対一になってはじめて、「さようなら」がその子どものからだのなかで成り立っていることに気づきました。こうしてみてくると、一年生にとっては、結局、教師と一人ひとりの生徒との関係がなりたってこそ、はじめて教育が可能になることが分かります。

では、一斉授業のように、全体との関係の中で教育をする状態に入っていけるのは、いったい何歳からなのでしょう。こんな重要なことがまったく検討されないまま、子どもたちは入学と同時に、いきなり三〇人、四〇人を相手にする集団の中に入れられているのです。低学年の子どもにとって、無理なく他者を意識できる集団の人数は、私の経験から考えると、多くて十人から十二、三人くらいでしょう。

高学年になれば十五、六人から二〇人くらいは意識できると思いますが、現在のように自分の心の問題を教師にぶつけてくる子どもたちを相手にするとしたら、私の能力では二〇人は無理です。二〇人が限界の私が、三〇人、四〇人のクラスを担当するということは、私の力が分散し、それだけ薄められることになって、結局、どの生徒とも納得できるまで十分かかわることができなくなります。

こういうこと一つとってみても、学校で当たり前のように行なわれていることが、子どものからだの側から決められているわけではないことが分かります。その時々に、子どもたちのからだが立っているところから授業を進めていくという発想が前提にはなっていないのです。

第Ⅰ部　公教育の限界

第1章　文部省が見落としたもの

◆子どもたちの未来のために

学級崩壊が報じられはじめたころは、クラスの中で学級崩壊を起こす核になる子どもは一握りしかいませんでしたが、いまや半分を超える学級さえあります。なぜ彼らはそんなことをしたいのでしょうか。私は、学級を壊している子どもたちの話に耳を傾けているうちに、小さい頃からずっといい子を演じつづけてきた彼らの潜在意識の中にたまっている鬱憤《うっぷん》が、学校や教師を標的として噴き出しているように思えてきました。彼らは、いい子でいることしかできなかった自分自身や、いい子でいることしか許さなかった親に対して、強い怒りを抱きつづけてきたのです。

一方、彼らのような子どもの親の多くには、わが子が学級崩壊を起こしている事実を受け入れたくない心が働いています。わが子が家では完璧ないい子であることを理由に、学級崩壊を、学校、教師のせいにしようとするのです。親は、その事実を認めてしまうと、自分の子育てのありようを問われるだけでなく、自分を壊し、変わっていかなければならないということを無意識に予感しているので、受け入れたくないのでしょう。

親たちの多くは、子どもが問題を起こしてくれることでしか変わっていけないからだを持ち、またそういう存在のあり方をしています。たとえば子どもが不登校になってしまったとか、交通事故で死んでしまったとか、やっと就職できたのに出社できなくなってしまったといったことが起きてくるなかで、ようやく自分と向き合うチャンスを得ているように思います。そうなってはじめて、自分が人間として生まれたことや、親が取り組むべき人生の課題に取り組みはじめるのです。

しかし、子どもが問題を起こしてくれることが気づきになり、自分壊しを——それはとりもなおさず自分自身の再生なのですが——行なっていくのは大変なことです。多くの親は、「私はこれだけ一生懸命に生きてきたのに、どうして私の子どもが?」というところでとどまってしまいます。

弘子《ひろこ》さんは、「死ぬ前に、鳥山先生にどうしても会いたい」と、お母さんの弥生《やよい》さんを連れてワークにやって来ました。弘子さんは十四歳のときから不登校になりました。二一歳のいまでは、動けなくなり、食べ物もほんの少ししか食べられなくなっています。

弥生さんの話を聞いてみました。すると、自分がどのくらい娘のために今まで苦労してきたかということばかりです。精神科に行ったり、カウンセラーにかかったり、ありとあらゆるところに足を運んで、娘の世話をしてきたと言うのです。弘子さんが今どんなに大変な状態かというところには、なかなか話が進みません。そんな母親を見ていると、弘子さんは、「ああ、私のためにこんなにお母さんを困らせてしまっている。私はなんて悪い子なんだろう」と思うようになるのです。とはいえ、弘子さんのからだの中に「お母さんはどこか変だ」と納得できない部分があるからこそ、母親を連れて来たのでしょう。

どうして弥生さんには、娘の弘子さんの本当の心が見えないのでしょうか。母親である弥生さんとつきあうことが弘子さんにとって本当はどれほど大変だったか感じ取ることができないのでしょうか。弥生さんは、自分自身を見ていないのです。弥生さんの言動は、自分は努力して、親にも心配かけずに取り組んできたことなのに、娘にはそれができないと、腹を立てているところからはじまります。

親自身が、自分の心の奥深くに耳をすませて生きていくことがどのくらいできるかに応じて、子どもの心が、声が、親のからだに深く響いてくるのです。それは、親がどのくらい人間として自分自身を生ききってきたかに応じて聞こえてくる声なのです。「そんなことを言われる筋合いはない。私はちゃんとした人間として生きている」と思う親も多いでしょう。でも、もし本当にそうだとすると、どうしてそんな人間がこんな社会を作ったのでしょう。

子どもたちのからだが未来を信じて生きていく希望を持てないほど、歯止めのきかなくなった自然破壊を推し進めている社会をつくった人間の心が、まともであるはずがありません。すべてが金次第の社会を作ったのはどうしてでしょうか。自分が大切に思えない、生きている気がしない、生まれてこなければよかったと思うような子どもたちがたくさんいるのはどうしてなのでしょう。これらはすべて、自分の損得や、お金を最優先に考える社会をつくった大人たちの心が引き起こしていることなのです。

晩秋のある朝、肌もあらわな女の子や男の子たちが、四、五人で駅前にたむろして座りこみ、たばこを吸っていました。電車に乗っても同じです。そのうちの一人は、食べていたパンの袋をポイとその場に捨ててしまいました。彼らは大人になったらどんな親になるのでしょう。自分がつくり出す社会に対して責任を持つ姿勢は、そこからみじんも感じ取れません。そんな子どもたちを見ていると、深いところでいきいきとその人自身のいのちを生きていく希望があるようには思えません。その場かぎりで、とてもなげやりで、自分を大事にしているようには思えないのです。そういう身勝手にさせられた子どもたちが、大人になり、親になり、さらにその子どもたちがたくさん学校に入ってくるようになった時、いまの状態のままの学校や教師では対応できないことは、火を見るより明らかです。

こんな社会にあって、まじめに誠実に生きていこうとしている子どもは、社会全体、世界全体、未来に希望を持てなければ、生きる希望そのものを失ってしまうでしょう。子どもは未来に向かって生きているのです。過去に向かって、思い出のなかで生きている年寄りとは違うのです。生まれてくる子どもは未来です。未来が子どもたちにとって生きる状態になっているのかどうかを、大人の責任において、私たちが問わなければいけないのではないでしょうか。

「子どもたちの生きる希望を失わせているのは、ほかならない「大人」である私たちです。その責任を引き受けて行動することをいますぐ始めない限り、この事態が良くなることは決してありません。自分以外の誰かに責任を転嫁し、任せきりにしてはいけないのです。親や教師の一人ひとりが力を合わせて取り組まなければならないことなのです。

◆学校のなりたち

明治時代のはじめに学校ができてから、ほぼ一三〇年たちました。その間、学校が何のためにつくられたのか問われず、なぜ朝起きたら学校に行くのかさえ考えないまま、何代にもわたって、学校へ行くのが当たり前のようにずっと続けられてきました。

学校ができるまで、子どもたちは家の労働力として使われていましたし、恵まれた子どもたちは寺子屋で読み書き、そろばんを学んでいました。読み書き、そろばんさえできれば、生きていくために必要な知識や技術は充分身につくと親たちは考えていました。学制発布後、多くの親は、何のねらいで学校が作られたか考えないまま、わが子を学校に行かせてきました。それまで学ぶ場のなかった子どもたちは、読み書き、そろばんを学ぶことによって、自分の能力や世界が広がっていく素朴な喜びを味わったのだろうと思います。

ところが明治政府のねらいは、近代国家を作り上げるため、西欧諸国に追いつくための、政策の一つとしての「学校」をつくることだったのです。もう一つの政策は、「富国強兵」です。国を富ますためには産業を興す必要があります。諸外国からさまざまな新しい技術を取り入れて、農業国から工業国に変えていかなければなりません。また、一つの国のなかで産業を興していても国全体のお金は増えませんから、外国に品物を売って外貨をかせぐシステムをつくりあげなければなりません。そのためにも、外国に負けない水準の産業を興さなくてはならないと考えたのです。産業を興していくことができる人材を育てるためにも、学校は必要とされました。

また、資源が少ないとされている日本では、外国の豊富な資源をできるだけ安く輸入し、製品を作って輸出するようになるしか、生きのびる道はないという主張を国民に定着させ、豊かな資源のある国を植民地にするため、徴兵制をしき、強い兵隊を育てようとしたわけです。

ところが、労働者や兵隊を養成するといっても、ふだんは農作業などをしてきた人を、いきなり工場で働かせたり、兵隊にできるわけではありません。時間やお金に縛られていないからだはてんでバラバラで、管理しにくいのです。そこで彼らのからだが命令を聞けるようにするため、「気をつけ、前へならえ」で整列させることを始めたのです。当初は、整列することさえ大変だったそうですが、整列できるようになったからだがいかに管理しやすくなったかについては、目を見張るものがあったでしょう。

私は、教師になったとき、なぜ「気をつけ、前へならえ」を子どもたちにさせるのか、とても不思議でずいぶん考えました。だんだん分かってきたのは、号令に従わせることで、子どもたちのからだを緊張させ、命令に従順なからだ、まわりの人間とあわせるからだをつくっているということでした。「気をつけ」といわれると、自分と指示を出している人との関係において、自分のからだが従順に命令を聞くだけのからだになってしまい、創造的な部分が失われてしまいます。余計なことを考えず、言われたことだけをするからだになってしまうのです。おそらく多くの教師は、「なぜ号令をかけるのか」と聞かれても、はっきりその理由を答えられないのではないでしょうか。「やることになっているから、やる」という次元の人が多いと思います。

ずいぶん前になりますが、『暮らしの手帖』で、フランスのある小学校の朝礼の様子を撮った写真を見たとき、思わずぽんと手をたたいてしまいました。写っていたのは先生のまわりに表情の豊かな子どもたちがただ集まっている光景で、日本の学校のように等間隔に並ぶようなことはしていなかったのです。子どもたちのリラックスした表情が、とても心に残りました。日本の学校では、今も「気をつけ、前へならえ」を子どもたちにさせていますが、自分で自分のからだを縛るこの行為を、教師が当たり前のように子どもにさせつづけていることが、教師自身が子どものころから「気をつけ、前へならえ」で育てられた効果なのかもしれません。

◆産業のなかの戦争

日本も西欧諸国にならって富国強兵の道を進んでいったのですが、それが国家の言うとおりになる国民を作っていくことにつながりました。日清戦争、日露戦争、第一次世界大戦を勝利に導いたのも、日中戦争、太平洋戦争を始めたのも、国民が兵隊になることに疑いを抱くこともなく、それればかりか誇りにさえ思い込まされるほど、洗脳されてしまっていたからです。

親は、わが子が徴兵され、戦争に行かされる前に、「人殺しなんてしてはいけません。しかもあなたのいのちがなくなるなんてとんでもない。戦争に行くのは許しません。やめなさい」と、どうして止めなかったのでしょう。この異常さ。しかもわが子が戦争でいのちをなくすことを名誉の戦死と思いこまされてしまうほど、完璧に親自身も洗脳されてしまった事実。その裏に、親だけでなく学校もその洗脳機関として機能していた事実。こういう学校のあり方に異議をとなえる親たちがいなかったことの反省は、戦後教育の中でどう生かされてきたというのでしょうか。

親が、わが子が国家の部品の一つとして機能していることをおかしいとまったく思わないところまで、国をあげて富国強兵政策が進められていったことに対する反省が、学校や家庭の中で生かされているとはとても思えない現状が、形を変えて子どもたちを追い込んできたのです。戦争が終わって、あれは間違いだったと気がついたはずなのに、形を変えた戦争が始まってしまっていることに、親たちはどうしてこんなにも鈍感なのでしょう。

資本をつぎつぎ拡大していかないと生きのびられない、産業の分野の戦争。武力戦争も、戦争することで商売になる産業界の人たちがいたから起きたのですから、根本的にはまったく変わっていないのです。こういう資本主義社会では、お金は、労働に見あったお金として機能しません。一日まったく働かなくても、働いている人の何億倍ものお金をもうけることができる投機家たちのマネーゲームが経済を動かし、その動きに振り回されながら私たちは生活しているのです。

今日のように深刻な不況が押し寄せ、大企業が規模を縮小し、中小企業がばたばたと倒産し、失業率が急激に上昇していく状況になっても、親たちはまだ、いかに自分の子どもを大企業に入社させるか、絶対に失業しない公務員や官僚にさせるかというところにしがみつき、ますます四苦八苦するようになってしまいました。子どもを見る視野はさらに狭くなり、小さいところに入り込み、それがすべてとなってしまうほど、洗脳されてしまっている親が、わんさといるのです。

一九九九年十一月二二日に起きた若山春奈ちゃんの事件の背景にある「お受験」を見ても、私たちがいかに本気で自分の心の問題を解決しようとしてこなかったかがよく分かると思います。

こういう類の悲しい事件が形を変えてたくさん起きても、親はあいかわらず「こんな点数だと、生きていけないでしょう」と平気で子どもに言い、学校の成績の次元でしか子どもを評価できない情けない状態になっています。こんな点数でもクソックラエで生きていける社会を、親はつくるべきなのです。

親のこういった混乱は、学校が何をするところなのかはっきりさせていないために起きています。私は昭和十六年生まれですから、戦後まもなく小学校に入りました。そこで学んだのは、日本国憲法を実践する国民をつくることでした。民主主義と平和を守り、二度と戦争をしないこと、主権在民、つまり主権は国民にあるというごくあたりまえのことをどう実践していくかということから、私の子ども時代はスタートしたのです。ところが、学校の目的はどんどん変質し、いつの間にか、子どものためにあるとはとうてい思えないものに変わっていきました。

警察予備隊が保安隊になり、いつの間にか自衛隊に変わりました。今や防衛費は年間五兆円近くに上り、国家予算に占める割合も順調に増えつづけています。自衛隊は、外国から明らかに軍隊と見られるまでに強大になりました。憲法第九条は、子どもだましの理屈をつけられて、完全に、なしくずし的に、ふみにじられてしまったのです。日本人だけが、自衛隊は国を守るためにある組織であって、他国を侵略したりしないと思っているわけですが、アジアの国々の人たちにとっては、日本はいつ攻めてくるか分からないと思えるほどの軍事力を備えた国になってしまっているのです。

◆親の仕事、教師の仕事

教育について考えるときも、まず何をするために学校に行くのか、という本質的な部分が問われていません。民主主義は自治が基本です。自ら治めていくためには、何ごとも行政に任せきりにする人間になってはいけません。それなのに、親たちは、学校を文部省や学校の行政に任せて、自分で責任をとらない状態を続けています。

私は三〇年間教師をしてきましたが、いつも親が「うちの子どもをよろしくお願いします」と言うことに首をかしげつづけてきました。そのたびに、「簡単にお願いされても困ります。一緒にやっていきましょうということであれば分かるけれども、一方的に任されてもできません」と、親たちに返してきました。親は、わが子の何を引き受けて、一緒に生活しているのでしょうか。食べることは給食、病気になれば医者、勉強は学校任せというのでは、親はいったい子どものために何をするのだろうかと考え込んでしまうのは私だけではないでしょう。

学校から帰ってきた子どもをつかまえて、「こんな点数でどうするの」「宿題はすませたの」「早く寝なさい」などと口うるさく言うのが親の仕事なのでしょうか。しかも自分自身がしていることを見つめようとしない親に限って子どもに文句を言うのですから、子どももたまったものではありません。自分が子ども並みの努力をしていたら、子どもに小言など絶対に言えないはずです。子どもたちが学校で取り組んでいるのは、学ぶことだけではありません。人間関係のうえでも大変なのです。クラスメートのなかには、苦手な子、嫌いな子、言いたいことを言えない子などもいて、教室ではさまざまな葛藤が起きます。それでも毎日顔を合わせないわけにはいきません。親はどうでしょうか。嫌いな相手にわざわざ会いに行かないでしょう。

また、分かりやすく愉快な授業ばかりではありません。自分が関心を持てない授業に対しては、頭が痛くなるような、興味のわかない時もたくさんあるはずです。それでも子どもたちは、毎日学校に行っているのです。親はそんな子どもの心の中をしっかり見なければならないのに、あるいはそもそも学校とは子どもにとってどういう場でなければならないのかを考え、行動しなければならないのに、そういったことに本気で取り組んでいないのです。また、学校がわが子のいのちにとって必要なものになっているかどうか真剣に考え、そういう学校を作っていく責任があるのに、それをせず、わが子の学校での成績を人と比較して文句ばかり言っているのですから、子どもは疲れていくに決まっています。

学校は何をするところか、もう一度問いなおしてみましょう。学校は、子どもたちがみずからのいのちの道に沿って、日々精一杯自分の能力を引き出し引き出ししながら、遊び、学ぶところです。そして教師は、集団の中で、個々の子どもが一人の力では到達することのできない学びの深さへ向かっていくのを手伝います。ですから、教師を役人のような存在にしていては、この仕事はできないのです。ところが、公教育において、教師は国家のしもべです。悪く言うと、権力の末端にいる権力者なのです。

国家や権力者が国民の味方にならないかぎり、教師は子どもの味方はできず、敵になってしまうのです。子どもの敵としてしか機能できないのです。教師がいかに子どもの敵でいざるをえないかについては、「君が代」「日の丸」の法制化にともなう、文部省のさまざまな通達を見れば分かるでしょう。「反対する教師は処分する」とまで言い切っているのです。一九九九年九月十六日に、高松市の山口寮弌教育長が、「教師と児童・生徒には、君が代を歌わない自由はない」と、市議会本会議で明言しました。教師とは、望むと望まざるとにかかわらず、国家を支える機能をはたすものとして存在しているということをしっかりと知らなければなりません。そういう自覚がないと、自分を善人に思いたい教師自身の心が、子どもの味方ができると錯覚してしまうため危険です。

そういう教師の姿を見て、数学者の遠山啓《とおやまひらく》さんが一九七〇年代の半ばに「武士のなかにも庶民の味方をしようと工夫した武士がいた。彼らは刀の柄《つか》にこよりを通して、抜けないようにしていた。工夫すれば刀が抜けないようにすることができる教師も可能なのだ」と言われました。その言葉は、私にとって涙が出るくらいうれしい言葉でした。教師は権力者です。立場としては、子どもの味方にはなれません。国が子どもの味方になるような政策を立てることができない以上、不可能なのです。今日の日本のような民間資本主義や、社会主義といわれる国家資本主義に基づく国家では、国家と国民は対立せざるをえません。こういう社会の中では、教師は基本的には子どもの立場には立てないということを、しっかり自覚する必要があるのです。

文部省はこれからの教育をどうしたらいいのか、方策を見失っているようです。これまでも、文部省が、本当に子どもにとって、子どものいのちの筋道に沿った学習指導要領になっているか、学校の体制ができているかについて、本気で考え、取り組んできたとはとても思えません。もし取り組んでいれば、学習内容はもちろんのこと、学校体制や制度をとうの昔に変えていたはずです。分かりやすいところでは、学校の規模、一クラスの生徒数、教師の人数、一人ひとりの子どもに対応しきれないような仕事量などが見直されていたはずです。教師がそれぞれの子どもと十分かかわれるような力量のある教師になるため、教師自身のもっている問題に取り組むことに力を入れてきたはずです。しかし、こういう現実は、じつは私たち一人ひとりが、自覚的に国をつくっていくことに気づき、その方法を見つけ出し、それを実現させる人間に成長していくためにおきてきているのかもしれません。

◆子どもたちのからだの法則

親や教師や地方行政は、学校が本来何をするところなのか本気で考えているのでしょうか。学校は遊び、学ぶところです。何が真理なのか、探究していくところです。また、生きていくために必要な技術や知識を獲得したり、自分や他者への限りない肯定と信頼をもって、自分を表現するところです。何が真理なのかを追求していく基礎になるさまざまな体験をするところです。

真理というのは真《まこと》の理《ことわり》のことです。ことわりというのは理屈、理にかなっていること、法則のことです。法則には、人の世界の法則もあれば、自然界の法則、地球の法則、宇宙の法則など、さまざまな法則があります。その法則にのっとって生きること以外に、本当の道はありません。宮沢賢治の言葉を借りるなら、「正しく強く生きるとは銀河系を自らの中に意識してこれに応じていくことである」ということになります。

ある植物がその植物の形をとるのは、その形になるべくしてなっている法則が、植物の中に、宇宙、外界との関わりにおいてあるからです。人間が人間の姿をとっているのも、人間の中にある法則にしたがっているからです。宇宙の大きな法則の流れの中で、すべてのものがその形を決めているのです。自然界に存在するあらゆるものは、人間が「その形になれ」と言ったためにそうなっているわけではありません。

目に見えない銀河の法則、たとえば太陽を中心にして回っている地球の公転を、人間の力で変えることはできません。宇宙の大きな法則の中にいる地球に存在する私たち一人ひとりは、すべて大きな銀河の法則を受けているのです。海の波が寄せては返すのも、心臓の鼓動が続くのも、わがからだの六〇兆もの細胞が、生命を保つ活動を瞬時もおこたりなく続けているのも、人為的に変えることのできない自然の法則です。この宇宙の法則に応じて生きることだけが、本当に正しく、強い力が出てくることだと賢治が言っているわけですが、それは当たり前のことです。子どもたちの元気がでないのは、子どもたちのからだの法則、いのちの道にあっていないからなのです。

法則にあっていないのに元気に見えることもありますが、それは一時的なものです。かならずどの時点かで病むことになります。それがその子の代のこともあれば、次の代のいのちや心が病むこともあります。いま病んでいる子どもがいるということは、その法則にあっていないことをされたからです。その法則を無視して、学校は近代国家をつくりあげていくための人材として、子どもを養成することに力をいれてきたのです。

◆三つ子の魂、百まで

人間の法則、いのちの法則に沿って作られたのが、シュタイナー学校です。シュタイナー学校は、人間の魂やいのちがどういう進化を遂げていくのかに注目しています。その中に七年周期という考え方があります。七年周期でいのちの流れを見ていくと、いろいろなことが分かってきます。七歳、十四歳、二一歳、二八歳、三五歳、四二歳、四九歳、五六歳といった年齢のとき、人にはかなり大きな変化が訪れます。生きているいのちの意味を考えさせるような波は、どんな人にもかならず押し寄せているのです。

シュタイナー教育において、人間のいのちと月の運行の間には深い関係があると考えられています。また月は、月経や出産といった人間が生まれることともつながっています。その人が生まれたときの太陽と月と地球の位置関係は、十八年八カ月周期で繰り返されるのですが、その年がその人にとって大きな危機にあたるともいわれています。十八歳から十九歳にかけて自殺したり事故を起こしたりする若者が多いことも、これと無関係ではありません。その倍の三七歳で事故にあったり、大病をしたり、心を病んだり、亡くなったりする人も多いのです。賢治もその歳になくなりました。自分のからだや心に、自分の意思を超えた大きな力が働いているのです。このことは実際に自分の人生を振り返ってみてもうなずけることでしょう。

「三つ子の魂百まで」ということわざがありますが、三歳までがどんなに大切か、みんなよく知っているのです。そこまでに経験したことが、じつに一生涯にわたって影響を及ぼします。シュタイナーも、同じことを言っています。とくに三歳までに親から本当に大切に保護されないと、その人は生きる気力そのものも壊されていくことになるのです。三歳までに、自分が生まれてきたことそのものが親に心から喜ばれ、受け止められないと、人は大人になっても生きることが苦しく、つらいものになってしまうのです。

思春期に入って鬱《うつ》になってしまったり、過食、拒食、自殺願望、人との関係が煩《わずら》わしくなる、人がこわい、潔癖症になるといったさまざまな症状が出てくる人がたくさんいます。その心のもとをたどっていくと、乳幼児期に親に愛されなかった事実がはっきりと浮き彫りされてきます。もちろん、三歳までといわず六歳くらいまでの間のできごとも、頭では忘れていても大きなトラウマとなって心に残っていますし、七歳以降の影響も見過ごすことはできません。

心の傷をたどるといっても、たとえば親からの性的虐待や暴力といったあまりにもつらい体験は、たいていの場合、記憶を消していますから、その正体を知ることがまずは大変です。しかし、それは、わが子をまったくかわいく思えなかったり、近寄ってくるとうっとうしくて思わず激しく払いのけてしまったりすることをきっかけとして、探りあてていくことができるのです。特定の子どもだけがかわいい、子どもを抱けないといったことも、じつは自分も同じことを親からされていたために起こるということが分かってきました。親からの虐待、きょうだいの差別など、そのままの自分を受け入れてもらえなかった心の傷が癒されていないために、自分も同じことをわが子にしてしまうというからくりが分かってきたことで、私たちは自分の心が抱えている問題に取り組むことができるようになったのです。

差別されることについては、たとえ自分がほかのきょうだいよりかわいがられていた子どもであったとしても同じです。差別する感覚を、親から学んでしまうのです。それは宇宙の法則にあいません。宇宙の法則では、すべてが平等で、すべてのものが意味あるものとして存在しているからです。何一つ無駄なものはなく生まれ、存在しているのです。一切のものが、石一つ、小さな虫一匹、目に見えない菌にいたるまで、すべてそれぞれの意味を持ってこの地上に誕生しているのです。

「悟る」ということは、一切のもののあいだの「差をとる」ことだと、ある友人が教えてくれました。差別をしない心で相手を見ることができ、差別をしない心で生きていけるようになれば、自分の都合でなく、あるがままの世界を受けとめることができるようになるでしょう。

嫉妬心、競争心、所有欲などが苦しいのは、銀河とつながる本来の心の法則に沿っていないためにに起きてくるように思えます。人間は本来そういう心を望んでいないのではないかと解釈してみることもできるように思うのですが、どうでしょうか。そういう心は、ものをまっすぐ見ることを邪魔し、心をくもらせ、人を責め、自分を不安にし、心を疲れさせていきます。ものを所有したい欲も、それが強くなりすぎると、足ることが分からなくなり、いつももっと欲しくなり、奪われる不安、襲われる不安がつきまとい、安心することができず、結局、自分を苦しくしていきます。

そういった欲は、自分の存在がそのまま受け入れられない寂しさ、愛に飢えている状態から出てきます。自分の存在が本当に受け入れられていないため、自分でも自分のことを肯定できないのです。受け入れられていない寂しさが、ものを持っていないと不安でたまらなくさせるのです。この寂しさのおおもとをたどっていくと、誰もが、自分が親から本当の意味で受け入れられていなかったところに行き着きます。

第2章　自由とは何か

◆自分しか見ない「自由」

シュタイナー教育では「自由への教育」ということを目指しています。人間が本当に自由になっていくための教育です。ここでいう「自由」とは、人や社会との関わりの中で責任を持つことを伴う自由です。「何をしても私の自由でしょう」という時の「自由」とは、まったく違います。「何をしても私の自由でしょう」という言葉は、「私のからだは私の所有物」というところからきます。自分が自分として存在するためには、つながりあうたくさんの支えがあって可能になっているということから、とりあえず自分だけはずして、自分を見ています。

自分のことだけしか見ない自由の意識は、社会から抑えられ、自分のいのちの道にあった生き方を体験することに取り組んでこなかったことに対する親たちの怒りを、子どものからだが受け継いでいるのかもしれません。体験を通さないまま、こうすべきでないと社会から思い込まされて生きてきた親たちの心の中に隠れていた、本当は自分がしたいと思うことをからだが納得するまで思う存分体験してみたいという裏の心を、子どもたちが代わりにやっているのかもしれないのです。

たとえば、「援助交際は私の自由でしょう」と子どもが言うとき、本人が本当にそれがしたくて言っているのか、からだに問うてみることにしましょう。もしかしたらその母親は、あまりセックスのことを深く考えることなく、結婚しているかもしれません。そうすると、娘が援助交際をしていても、「やっちゃいけないことは、やっちゃいけないの」という程度のことしか言えないかもしれません。そして、もしかしたら母親の中には、もっといろいろな男性と関係をもって、本当の愛情とは何か自分が納得のいく道を探りたいという気持ちがあったのかもしれません。もしそういうものが母親の心の奥にあったとしたら、いろいろな人とセックスしてみたいと思う気持ちが、裏のメッセージとして子どもに伝わったのかもしれないのです。あるいは、何かの代償として援助交際をしたいと思っている可能性もあります。

でも、いずれにしても、それは本人にとって、やってみるほかないことなのかもしれません。本当の自由を見つけ、男と女の関係、セックスとお金の関係を探っていくためのプロセスとして、その人にとって、どうしても援助交際が必要なのかもしれないのです。現代のように、自然や人とつながっていない人間の寂しさや孤独の深さは、体験しているその人たちのからだでしかはかれませんから、たとえいま心に大きな傷を残すことになったとしても、一人ひとりが個々のからだでやってみるしかないのでしょう。

一人ひとりのいのちの道、自分が伸びていきたいと思っていた方向を、周囲からいろいろな形で納得できないままに強制的に抑えられてきた記憶がベースにあって、それに対する怒りや恨みが「私の自由でしょう」という攻撃的な言葉になって現われているのだと思います。

◆自由と責任

自由とは、基本的には「心の欲するところに従って、矩《のり》を踰《こ》えず」、つまり人の道はいのちの道からはずれない、ということだと思います。そこでは、いのちの道と人の道が一体になり、重なりあっている状態ではないでしょうか。「何をやっても私の自由でしょう」という場合、あるところまではその人のいのちの道に沿っている部分もあるでしょう。しかしもっと深いところでは、それは本当に自分自身のいのちの道なのかという問いかけが必要なように思うのです。

本当の自由を口にする場合、その行動には当然責任が伴います。子どもたちが責任の伴わない「自由」を要求するのは、大人たちがそうしているからです。大人が本当に自由に生き、それにみあった責任を果たしている姿を、子どもたちに見せることがまず必要です。「自由」という言葉を、本来の意味とは違う低いレベルで子どもたちが使ってしまうのは、そういうふうにしか生きていない大人たちの社会を見ているからなのです。大人たちが本気で自由に生き、責任を果たす生きかたをするように、そのことを深く考えるようにと、子どもたちは大人たちにメッセージを送ってきているのです。

また、「私の自由でしょう」という言葉は、「私にかまわないで」と言っているようにも聞こえますが、私にはむしろ「こういうふうにして私はあなたから切り捨てられてきたのよ」と、子どもが大人たちに突きつけているようにも思えます。「お母さんの勝手でしょう」「お母さんの自由でしょう」といった言葉や態度で、親との関係を一方的に切断されてきた子どもたちが、同じ言葉を大人たちに返しているようにも思えるのです。この場合は、子どもたちは、本当の自由について語っているわけではないのです。

◆教育ほど大事なものはない

公教育について、東京大学の教授である佐《さ》藤《とう》学《まなぶ》さんと話をしました。一人の教育者として、また市民として、教育の問題について現実的な改革の活動を続けている佐藤さんは、「日本には私立学校はない」とおっしゃいました。本当にその通りだと思います。すべての学校が文部省の学習指導要領に縛られていますから、私立として成立していないのです。

「それなら公立学校があるのか」と問うてみるとき、私たちは「公」という意味について考えてみる必要があるように思います。これも深く考えていくと、日本ではまだ「公」というものが深く考えられていないことに気づいてきます。自分という「個」が確立していない社会では、本当の意味での「公」は育っていないのです。「公」の意味を探っていくためには、一人ひとりが「個」として、中心をもって、しっかりと立って生きることを追求しなければ見えてこないのではないでしょうか。

「公教育」という言葉を、現在日本にある公立学校、私立学校のように学習指導要領に制約されている学校での教育という意味で使うとしたら、そこで本当の教育を行なうのは難しいように思います。もちろん、個々の学校の中には、子どもたちのさまざまな可能性を探って教育することに取り組んでいる学校や、すばらしい試みをしている学校もあるのですが、その学校を支え、つくっている教師や親たちの一人ひとりが、自分の内側のいのちの道に従い、しっかりと個として立っていなければ、本当に子どものいのちの道を保障する教育、公人として生きる人間を育てることは難しいでしょう。親と教師が手をつないで、子どもにとって何が本当に大事なのかを探る学校でなければ、教育の場とは言えないのです。

親や教師が本当の大人になっていくことに本気で取り組まなければ、子どもにとって何が本当に大事なのかが分かりませんから、教育は成り立ちません。一人ひとりの子どものからだにとって必要なことでなければ、教えるに値しないのです。子どもにとって本当の食べ物ではないものをいくら与えても、子どもを育むことはできないのです。

学級崩壊がこれだけ社会問題化していても、教育より経済が優先されます。教師の人数を削減し、学校にかける予算を削る一方で、多額の税金を投入してまで銀行の経営状態を安定させようとするのはどうしてでしょう。何が本当の幸せかを考えることができる、本当の意味で賢い人間を育てられなければ、学校は必要ないのです。自分で考えることをせず、人の言うなりになるだけの人間をたくさんつくるようでは、社会は、私たちは、自滅してしまうほかありません。

文部省は、本気で個性と自立を大切にする教育をめざしているのでしょうか。一人ひとりの個性を尊重する学校運営や授業が大切だとされていますが、そのためにはまず教師の個性と自立が問われます。また何よりも、教師自身の精神の自由が保証されることが必要です。教師も、本当に自分の精神が自由になっていくように、自分の内面の問題にもたくさん取り組まなければなりません。親たちは、文部省がしていることの一つひとつの事実を、本気で検討すべきです。文部省任せの大人や親がこう多くては、この現実は変わりません。親や教育関係者だけではなく、社会全体も、子どもたちの真の幸福を求めつづける社会をつくっていかなければ、とても難しいでしょう。

教育ほど大事なものはありません。国が子どもたちの真の幸福を追求することができるようになるかどうかは、ひとえに親たちが、何事も行政任せ国家任せにしないで、一つひとつ自分の責任において行動できる本当の大人になることができるかどうかにかかっています。

◆自分も中心、人も中心

人間にとって何が本当の幸福なのか、人間とは何かといったことなどどうでもよく、ただお金をかせげる人間になるようにと子どもを追い立ててきた結果、子どもたちのからだは、生きるということは「いま」しかないということを忘れてしまいました。「将来のため、いまは我慢して、努力しなさい。勉強しなさい」と言われつづけ、将来のためにいまを生きることを先送りにされた子どもたちは、生きている実感のないからだになってしまいました。

生きている感じがしない不安のため、ナイフで自分の手首を切ることで、何とか生を確認しようとする子どももいれば、からだにたまっているわけの分からない怒りで、関係のない人を突然殺してしまうかも知れないほど、からだが暴発しそうになっている子どももいます。ましてや、実際に人を殺してしまう事件さえ起きてくると、自分も誰かを殺してしまいそうな不安でからだが緊張し、疲れていき、一日一日生きることさえ大変になっていくのです。

いまを十分生きることができれば、将来も十分生きることができます。いまを生きられないからだは、将来も生きられません。なぜなら、将来はいまを生きることの連続ですから、いまを生きることができないからだは、生きることが永久に分からないからだになってしまうのです。いまを生きていないからだが、大学を出て政治家や官僚になったりするのですから、生きた政治などできるはずがありません。また、そういうからだでは人や自然の痛みも分かりませんから、生態系全体を考え、いのちを大切にする政治などできるはずがないのです。自分の欲望を満たすことに最大の関心を持つからだでは、生きた人間を育てることなどとうていできるはずはありません。

先の西村真悟防衛政務次官は、日本も核武装することを国会で検討したほうがいい、といった趣旨の発言をして、辞職しました。彼のように、武力には武力をもってしか対応できないと思っているようなからだは、自然や人の痛みなどを感じることができるようには思えません。しかし、彼のような人が実際に政治家になっているということは、こういう人を支持している同じ感覚の持ち主がたくさんいるということでもあるのです。そういう大人たちに囲まれていては、自然や人と共生したいと感じている子どもたちのからだが元気になるはずはありません。

死んだからだがつくりだす政治は、まるでギャンブルです。さまざまな政策、経済の動き、つぎつぎと起こる自然破壊などを見ていると、自分のからだを傷つけ、生きていることを確認するヒリヒリした不安、行為と、何ら変わりがないように見えます。ここまでいまを生きられないからだが日本中にあふれ、どんどん再生産されてしまっている状況で、いったいどこから手をつければ、生きたからだを取り戻していくことができる社会を創造することが可能になるのでしょうか。

人間はいましか生きられないのです。いまを十分に生きてさえいれば、自分のいのちにとって本当に必要なことを、このからだは将来においてもやっていくという、からだへの限りない信頼が自然に生まれてきます。からだは、いま、いま、いまを連続して生きることをやっているだけなのですから、いまを生ききることだけ保障してもらえれば、現在のような、未来への不安などもたらされるはずがないのです。いまこの瞬間の中に、未来は内包されているのです。こんなにも未来への不安を抱かせるのは、誰かの陰謀としか思えません。不安をかき立てることによって人を操作し、「未来のことを考えないと、未来に投資しないと生きられないぞ」と脅迫、洗脳することでお金をもうけようとする人たちが、そういうことをしているのではないでしょうか。

勉強すればするほど自信はなくなり、テストでいい点をとることに追い立てられ、「こんなものいったい何の役に立つのだろう」とどこかで思いながらも、結局、勉強すること以外に生きる道はないと洗脳されていく仕組み。からだは自分が何をほしいか知っているのに、欲しくないものばかり与えられて、それでもそれを食べなければ将来生きられないと脅迫され、そこからはずれたら生きていけないと洗脳されていきます。そしてついには、本当にほしいものが分からなくなってしまうのです。

いまを十分に生ききることをからだがやっていくと、自分が生きていくためには、自分以外の人も生きていかなければ社会は成り立たないと、からだで知っていきます。生きることに満足するからだは、人の幸せも自分の幸せになり、人の喜びも自分の喜びになります。自由の問題も、責任の問題も、おのずからそれぞれのからだの方法で結論を見つけ出していきます。

人と自分がともに生きていく道を、からだは考えることができるのです。この社会の中で、自分も中心、人も中心だということを知っていきます。さらに、長い時間の中では、自分も人も中心だということが全身全霊で分かっていくでしょう。

◆大人社会が問題

現在の学校においては、お金もうけにつながっていくもの、利益を生み出すことに役に立つものが大事にされ、この宇宙や地球に存在するすべてがつながりあって存在し、どれもこれも大切なものであるということを分からなくさせられてきました。価値づけられ、差をつけられる世界に閉じ込められたからだは、優越感や劣等感を感じるだけの器になってしまったのです。そうして、からだの道といのちの道が対立し、からだと心に大きな混乱をもたらしてしまったのです。

十分に生きていれば、満足感や幸福感があります。そういうからだは生きていること自体に喜びがありますし、人と比べる必要がないことを知っていますから、自分は自分として生きていくことに素直です。「子どもたちのからだが本当に欲しがっているのは何か」というからだの声を聞くということが分からないまま作られているカリキュラムでは、子どもたちのからだにとっていい結果が生まれるはずはないのです。

現在のような利益・利潤追求第一の社会は、生まれるべくして生まれたのでしょう。これも、何が本当の教育なのか、学校はどうあらねばならないのかを人類に考えさせ、気づかせてくれるために起きているのかもしれません。そう考えれば、この不幸な現実も、十分味わいつくすことで、次のステップへ向かうチャンスを与えてくれているとも言えそうです。

親や大人が、いまこの瞬間を生きることを子どもに保障し、子どもの問題は親や大人社会から発生していることをからだで本当に知っていくことができれば、子どもはどんどん自分自身を生き、いまを生きることを可能にしていくでしょう。私たちが本当に大人になっていれば、子どもたちがしていることは自分たちの持っている問題の現われだとすぐ分かるでしょう。本当は、親や教師も含めた大人社会こそが問題なのです。

◆お金もうけと自然破壊

私にとって、大学は学問をする場所でした。何が本当のことなのかを問い、深め、学ぶところでした。ところが、どうやら現実は、そういったことを問うためでなく、お金もうけを優先させて大学へ行く人が大半を占めているようです。人の道、いのちの道を問うことなく、お金を優先する社会に対して疑問を抱くどころか、「お金にならないものは価値がない」「お金をもうける仕事をしない人は価値がない」といった価値観、差別、偏見などの感覚を子どもの頃からもった人が、学生の大半を占めてしまっているようです。親や教師が、子どもたちにとって何が本当に大事なのか問うことなく生きてきた、その当然の帰結として、今のような学校をつくってしまったと言えるのです。そういう親たち、教師たちは、どうして自分がそうなったのか問おうとしません。そのため、問題の解決は、先送りにされてしまったのです。

教師のなかには、子どもは学ぶことを面白く思わないと思い込んでいる人がいますが、それは事実と違います。「学校の勉強なんか面白いはずがない」「勉強はきらいだった」と言うような教師は、自分が本当の勉強をしてこなかったことが、授業をつくるうえで大きな障害になっています。そのため、学びたがっている子ども本来のからだの核にふれることがなかなかできません。本当の意味で学ぶ体験をしていない人が教師になっていることは、大きな問題として取り上げてみる必要があるでしょう。それはそういう教師にとっても緊急に大切なことです。教師がこういう状態のからだでは、本当のところ学校が何をするところか分かりにくいでしょう。

子どもは本当のことを知っていくことや、できないことができるようになることが大好きです。学ぶことが大好きなのです。何かを知ること、できなかったことができるようになることは、心をはればれとさせます。分かりたい、できるようになりたい心には、失敗がありません。失敗は、さらに分かっていくために、もっとうまくできるようになるために、必要なプロセスとして起きてくる出来事として位置づけられます。自分の疑問に対して答えが分かってくると、宇宙や人間の心のことが分かってくるようで、生きる元気がわいてくるのです。生きる元気がわいてこない学びは、学びではありません。子どもや教師のからだの中に事件が起きない授業は、授業ではありません。

また、本当の学びは倫理観を育てます。何が本当の真理なのかを追求していくからだを育てます。お金をたくさんもうける人間を作るために学校があるわけではないことが、当然のようにからだで分かってきます。本来のお金は、人と人をつなぎ、人と自然をつなぐ役割を果たすものだということが分かってきます。もちろん、学校での「勉強」が、子どもたちにとって本当の学びになるような授業を教師がしなければ、それは無理です。繰り返しますが、本当に学ぶことは、子どもにとって精神の遊びであり、これ以上に面白い遊びはないのです。

本当の学びをした人は、お金もうけ中心の考え方をもちません。東大へ行くことがいいことだとも思いません。学歴や大学によって人の価値をはかりませんし、本当に学びたい人は学ぶ主体は自分であることを知っているので、学校をそれほど選ぶ必要もないでしょう。現在のような情報社会のなかでは、知に関することであれば、大学に行かなくても、テレビや本から学ぶことも十分できます。学ぶ時間さえ保障されれば、自分でいくらでも学べるのです。

お金をたくさんもうけることと、いかに自然破壊をするかということは、一本の線でつながっていると考えていいでしょう。郵便局や銀行に預けている自分のお金が自然破壊に使われていることを知っていますか。そういうところに預けておいて、「自然破壊はいやだ」と言うのは、実は矛盾することになるのです。自然破壊につながらない私たちの銀行を私たちが本気でつくらなければ、この現実は変わりません。

「知」を金もうけに利用するだけの人には、傷つけられるからだや自然の痛みが感じ取れません。だから、自然破壊を推し進めても平気でいられるのです。「かわいそう」という言葉を使ったとしても、そこに本当の痛みはないのです。今、日本では、オオタカの存在が、お金優先の公共事業にかろうじてストップをかけていますが、一九九九年十一月二八日の産経新聞によると、オオタカの保護を見直し、公共事業を進めやすくする法案が検討されていることが報じられていました。これほど自然破壊が問題になっても、金もうけ優先の政策を変えていくことがまだできないでいるのはどうしてなのでしょうか。

アメリカの先住民であるインディアンは、七世代先の子どもたちのことを考えて、今の生活を送っているといいます。未来の子どもたちのことを考えず、目先の利益だけに気をとられていると、いかに金もうけをするかという欲が、この社会を支配してしまいます。将来を見通せないような人間は、教育や行政に携わるべきではありません。また、十年、二〇年どころか、五〇年、一〇〇年先の未来まで見据えた教育でなければ、教育とはいえないのです。

第3章 管理教育の本当の意味——「プロ教師の会」のあやまち

◆自分の話を聞いてほしい

子どもたちの教師に対する要求は、昔よりもはるかに強くなりました。昔の子どもは、いまほど強く教師には要求しなかったように思います。我慢していたと言えるかもしれませんが、勉強は勉強として、学校は学校としてあるというところでとどめておくことができるからだがあったとも言えます。

では、子どもたちの教師への期待は、どうして大きくなったのでしょう。もちろん、ここまで教師に要求するようになる前に、子どもたちはさんざん親に対して要求してきました。ところが、親はろくに聞いてくれなかったのです。

親たちの多くは、子どもの声に耳を傾けることのできないからだをしているのです。時間があっても子どもの声が聞けないし、子どもをわずらわしく思う心が支配していたり、話を深く感じ、読み取る本当の関心が持てないのです。その多くは、その親が、自分に対して聞く耳を持ってくれなかったための心の傷が癒されていないために起きています。そのため、親は、子どもに対して、力で屈伏させたり、金銭的に脅迫したりしてしまうのです。

子どもは親を愛していたり、守ろうとしたり、理解してあげようとする心が働いたり、あるいはへたなことをしたら食べ物を奪われてしまうかもしれないという恐怖を感じたりするため、親には強く要求しにくいのです。その分だけ、まずは教師に話を聞いてほしいと期待するような思いがわき起こってくるように思えます。もちろんこれは、子どもが教師を一応信頼しているという関係の中でのことであって、教師への信頼がなければ起きないことです。

教師の話を聞かない子どもが増えたということは、教師の人を受容する人間としての内容に問題があることも考えられますが、教師の能力を超えて、子どもたちのからだが自分の話を聞いてほしいと思う気持ちが切実になっているということも考えられます。親からそのままを受容されない子どもたちのからだは、人の話を聞くどころではなかったり、怒りや諦めをため込んでいらついており、とにかくやたらと反発したり、その一方で閉じこもったりしているのです。自分を少しでも受け入れてくれない言葉に、非常に敏感な状態になっているように思います。教師がこういう子どもたちに向き合うことができるようになるためには、一クラスの人数を減らすことはもちろん、教師自身も自分のからだや心の問題に取り組まなければ、とても子どもたちの心に焦点を合わせることはできません。

いずれにしても、若者、大人たちも、まずは自分の言うことを聞いてほしいと、からだのほうが暴走しています。からだのほうから、「どうしても話を聞いてほしい」「聞いてもらえなければ、自分が自分としていられない」という感情が噴き出すような世のなかになってきていることへの対応は、そう簡単なことではないのです。しかし、このことに取り組むことによって、教師はこれまで以上に、子どもたちにとって真実必要な学校とは何かを模索するようになっていくでしょう。

◆体罰と教師の立場

かつては「生徒が教師にたてつくなんてとんでもない」と言う親もいましたが、いまは子どもが怒りをぶつける相手として、教師は無難な存在になっています。親が、「しようがないわね。あの先生なら」「先生がきちんと指導してくれたら、子どもはそんなことをしないのに」と思う気持ちが強くなっているからです。

子どものほうも、威圧的な親に対しては、幼い間はそう簡単に反抗できません。もっとも大人になってもできない人もたくさんいます。また、何を言っても聞いてくれない親に対しては、最初から諦めています。あるいは、親の相談相手になったり、いい子を演じたりして、自分の本当の心が分からなくなっている子どももいるのです。親から子どもらしい子どもとしていることを保障してもらえないと、その分の鬱憤《うっぷん》を教師にぶつけることがよくあります。それが学級崩壊というかたちになったりするのです。

教師に対して怒りを出しやすくなったのは、何も最近の話ではありません。子どもたちは、教師は絶対に体罰はできないことを知っています。「体罰するのか」「そんなことをしたら、教育委員会に訴える。首だぞ」と、子どもが教師を脅すのです。教師が子どもを叩くことがいいとか悪いとか言いたいわけではありません。子どもたちは、本当に自分の味方をしてくれる大人に飢えているため、教師を試しているのです。生徒にそう言われたから叩かない、自分が辞職に追い込まれるのがこわいから叩かないような教師には、子どもは納得できないのです。

子どもたちにとって、そういう教師は、いざというときも自分の立場を守ることを最優先する、親と同じような大人だ、ということになるのです。子どもに対して、常に自分を守って行動する教師や親は、絶対に子どもの言い分に耳を傾けることなく、一方的に「お前が悪い」と決めつける大人であるということを、子どもたちは完璧に見抜いているのです。

子どもが何か間違ったことをしているとき、教師として本当は叩きたいけど、体罰はいけないとされているから叩かないというのでは、子どもは混乱します。まず、その子どもにとって本当に叩かなくていいのか、叩くことが必要なのかを問わなければならないのです。子どもは、先生に叩かれてほっとすることもあるのです。「先生は自分の立場ばかり気にしているわけじゃない。生徒のことも真剣に考えてくれている」と思えることもあれば、先生を試すために言っている自分の言葉のおかしさを子ども自身がよく分かっている場合もあります。

そもそも本当に力がある教師だったら、叩く必要は起きないでしょう。前に立つだけで子どもには分かります。ところが、自分に実力がないのに、叩いてはいけないことになっているから、自分の身分を守るため、何があっても叩かないような教師は、子どもから見ても頼りなく見えてしまうようです。

◆管理教育の意味

子どもたちは、長い年月、世代から世代へと引き継いで、子どもとして生きることをずっと押さえ込んできたものを表現できるところまで来ているのですが、集団の中でそれを許してしまうと、殴りあったり、暴力をふるったり、騒がしくなったりといったことが起こります。いまの子どもたちのからだや心の状態を承知した上で、たくさんの子どもを見なければいけない教師の務めをはたすために、みんなと一緒に生活するときには、座って聞く、話をしている人の声に耳を傾けるといった、集団として成り立つためのルールを守るように管理していくのは必要なことです。

お互いを感じ取る力の弱い段階の集団の場合には、それぞれの子どもたちが抱えている問題がおのおの勝手に噴き出しやすく、しかも暴力性をはらんでいます。その場合でも、問題を完璧に押さえ込んでしまうのではなく、一度に出すぎて子ども同士が身の危険を感じたりしないような、ある程度は安心して自分を出せる場を、教師は保障しなければいけません。教室が、子どもたちにとって、「こんな怖いところには来られない」「自分も暴力を振るわずにはいられない」という場所にならないよう、見守る必要があるのです。子どもたちの中に徐々に自己管理する力がついてくれば、いちいち教師が立ち会わなくても、子どもたち同士で気をつけていくこともできるようになります。しかし、なかなかそこまでいけないのが実情でしょう。

いまの子どもたちの中でも、いい子を演じる子どもは自分を抑えていますが、自分からいい子をやめた子どもは、「この大変な私、ぼくを見て」と言わんばかりに感情を噴き出させ、行動します。子どもが親に期待する分まで教師に期待してしまうことが無意識のうちに起きているということを、教師は知っておくことが大切です。教師としての実力が低いほど、管理を厳しくしなければならなくなります。教師が自分の身の丈にあった子どもたちの管理の仕方を考えないと、子どもたちは教師が受け入れてくれるものと、教師の限界を超えて教師に期待してきます。そしてそれが受け入れられないと分かると、小さいときから親から受け続けた裏切りのトラウマにふれ、「お前も人間のクズだ。嘘つきだ」と、教師に対して怒りをあらわにしてきます。

子どもたちの持って行きどころのない怒り、絶望、やりきれなさは、教師や友だちへの暴力にもなりかねません。そうなると、暴走しすぎてけがをする子どもがでてきたり、いじめが発生して学校に来られないといったことが起きてしまいます。こういうときに大切なのは、暴力を発生させないよう、暴力を抑えようとする管理ではありません。子どもたちのからだが表現していることの根本的な原因を探り、子どもたちが「その問題に取り組め」と大人たちに要求していることに気づくことなのです。子どもたちは、子どもたちが起こしている問題を、大人たちが自分の問題として取り組むのを待っているのです。

娘、雅代の夫であるヴィルギリウスが、一九九九年十月三日の私の五八歳の誕生日に、次のようなファックスを送ってきました（雅代訳）。

「お母さんへ

——教育とは、子どもをバケツのなかにものをいれていっぱいにすることではなく、子どものなかにおおいなる炎をつけてあげることである――(ソクラテス)。

シュタイナー学校の子どもたちを見ていると、大人が悩み、苦しみ、戦いながら、子どもにとっての道を探そうとしていることこそ、子どもたちにとっておおいに意味があり、子どもたちもそれを大人がしてくれることを望んでいます。

どんなにむずかしい子どもたちでも、大人たち、苦しんでいる大人たちを助けたいという意思をもっています。大人たちは、真剣になって、その子どもたちの見えない声を聞くべきです。もし一人ひとりの子どもの持っている力をとりだすことができるなら、子どもにとってこれほど幸せなことはないでしょう。

誕生日にお母さんにささげるぼくの言葉です。　ヴィルギリウス」

本当にその通りです。親や教師が、子どものことで本当に悩む大人になることを、子どもたちは求めているのです。多くの親や教師は、子どものことで悩んでいるようでいて、じつは自分の思い通りにならないことを嘆き、怒り、悩んでいます。子どものことを本当に悩むことのできる大人であれば、夫婦間のことはもちろんのこと、この世界、地球に起きているお金中心の活動全体、環境問題全体、生活の根本にも目を向ける人間になるのです。子どもの問題は、じつは大人の、親の問題の表現にほかならないということにも気づけるようになるでしょう。

また、管理のための管理で終わるのではなく、子どもたち一人ひとりが内的に成長していくことを授業で促すことによって、できるだけ余計な管理はしないですむようにできる手だてを考えておかなければなりません。集団としての成長をうながし、それに子どもが気づくための援助をする必要があるのですが、それは管理を厳しくするということとは違います。とはいえ、一人の教師が二〇人、三〇人、四〇人というたくさんの子どもを受け持つ状況を変えなければ、子どもを個として見ることはできませんから、なんとか自分の手元から離れないよう管理しなければ安全を保つこともままならないという心の状況に、教師は追い込まれてしまいます。一人の担任が見られる子どもの人数も、再検討すべきなのです。

また、学級が崩壊状態になることを、単純に困ったことだととらえている人がたくさんいますが、崩壊状態が起きるだけの自由さを、ほかよりも早く保障されている学級という見方もできないわけではありません。

◆子どもを守るための管理

学級崩壊は、教師がその保障に応じた分だけの実質的な力を、子どもたちの中に育てていくことができていない、アンバランスな状態の中で起きている現象です。どこに問題があって学級崩壊が起きているのかというとらえ方も、教師によって違うでしょう。

たとえば小学校一、二年生の子どもたちが、席に着かないでうろうろしている、奇声を発しているといったことは、集団生活そのものに子どもたちがまだなじめず、からだで納得していないから起きていることですし、あるいは小さいころ、親や幼稚園の先生に無理やり言うことを聞かされた反動かもしれません。そういう子どもたちが、集団とは何かを徐々に知っていくことができるような、ゆるやかなプロセスを取ることが大切です。

これは、自分は教師に受け入れられていない、教師のやり方が納得できないと感じることが、からだの反抗というかたちで意識化されている高学年とは分けて考える必要があります。とはいえ、教師への反発が、子どもとその親との間で起きている問題を噴き出させている場合も多々あるのです。

一、二年生の子どもにとって、三〇人、四〇人は難しい数字です。遊びが中心だった保育園のときと違って、学習が中心となった子どもたちにとっては、自分をしっかり見てくれない教師に対して、突き放されたという感覚を強く抱き、それがかまってほしいという気持ちへと発展していくのは、当然といえば当然です。また、親からありのままの自分を受け入れられていない子どもは、教師に反発するという形でストレスを発散し、かまってほしい気持ちを表現してくるのです。

三〇人、四〇人という数や、教師の対応の質は、もっと真剣に考えるべきなのです。教師の多くは、本当のところは自分も評価してほしい、振り向いてほしい、かまってほしいという欲求をからだの奥深くに閉じ込めているため、こういう子どもに対して受け入れているふりをしながら、本当は拒否しているのが実情なのではないでしょうか。子どもたちはそれを自分の両親と重ねて、無意識のうちに見破っているように思います。

子どもたちを管理するいちばん大きな目的は、集団においていのちが危なかったり、けがをするようなことが起きないようにすることです。もちろん学習効果を上げるためとか、集団行動を学ばせるといったレベルのねらいもありますが、子どもたちが何をするか分からない危険を持っていることは、子どもを育てた人ならよく分かるでしょう。注意深く見守っていなければ、子どもによっては、その内側に閉じ込めている、「死にたい」「自分なんかいらない子だ」「人を傷つけたい」「自分を傷つけたい」などという自他への無意識の否定や攻撃を、噴出させないとも限りません。また、親から見捨てられている子どもの心を受け止めることも大切です。子どもたちは、親がしっかり気を送ってくれていないと、大きな危険にあうことで、しっかり目を離さずに自分を見守ってほしいという心を満たそうとするから、とても危ないのです。

また、子どもたちが落ちついて自分でいられる空間を作ってあげることが大切です。危険なものは取り除いたり、危険でないと思えるものでも想像力を働かせないと、危険なものに変わることがしばしばあります。また、心理面の危険にも気を配る必要があります。いつもまわりを気にして、まわりと合わせていないと、のけものにされたり、いじめられたりするようなことがあれば、子どもは落ちついていられません。そうすると、集団というのは怖い、人とかかわるのは怖いと思うようになったりするのです。

安全のための管理は、本当に必要です。安全には、身体的な安全と精神的な安全がありますが、その両方を保障できる大人になることはそう簡単ではありません。三〇人、四〇人といった集団として子どもたちに一つの行動をさせること自体に、すでに「個を殺していく」「個としての自分の感覚をしまいこむ」ということを、子どもたちのからだに無理じいする部分があるということを、教師はもっと知っておく必要があります。

◆本当の「権威」

では、子どもはどんな教師を望んでいるのでしょうか。それは、本当に学ぶことを可能にしてくれるような教師です。人間らしく、弱さも強さもあわせ持ち、自分の足りなさもオープンで、隠さない教師に、子どもたちはほっとするのではないでしょうか。人間として本当に学びたいと思える部分を持っている教師に対して、子どもは単なる友だち的な関係を求めません。教師と生徒の友だち的な関係は、教師が本当の意味で教師になっていないから生じるのです。教師として、一人の先輩として、子どもたちにこのことをしっかり手渡さなければならないと感じている面が弱いのです。厳しい言い方ですが、それでは子どもにとっては先生がいないのと同じです。

宮沢賢治の教え子の長坂俊雄《ながさかとしお》さんは「宮沢先生は、茶目の心が分かるんだ」と言っていますが、その一方で「先生の持つ真剣さには近寄りがたかった」とも言っています。おそらく教師としての賢治の真剣さが生徒にも分かっていたから、その部分には立ち入れなかったのでしょう。長坂さんは、この感じをぴったり表わす言葉を長い間探していました。そしてある時、辞書を引いていたら「畏敬」という言葉を見つけたそうです。

これがいい意味の権威です。いい意味の権威が教師にあってこそ、子どものなかに教師に対する敬意が生まれ、この先生から学ぼうという気持ちが湧いてくるのです。ここには相手を尊敬し、「耳を傾ける」「聞く」という態度があります。尊敬や尊重のないところで、「聞く」ことは起きません。まず全身を耳にして「聞く」ことがあって、「学ぶ」ことが始まり、成立していくのです。

子どもたちにとって本当の権威がある人とは、自分のからだや魂が本当に欲しいもの、自分が目指したいものを持っている人ではないでしょうか。友だちみたいな関係の中からは、自分でも気づかないほど心の奥深くに眠っているものに光を当てられることは起きてこないのです。それはただお互いに仲良くしているだけです。友だち的に生徒とつきあいたいと思う先生のなかには、わが子を自分の言うとおりに支配しようとする厳しい親に育てられた人が多いように思います。自分は親に仲良くしてもらえなかったから、それを生徒に求めたい気持ちが強く働くということが起きているのではないでしょうか。

本当の権威とは、一方的に支配するような権威ではなく、子どもたちそれぞれが、自分も本当はそんなふうに立って、生きていきたいと無意識に思うところに触れてこそ、生じてくるのではないでしょうか。そして、子どもたちの中の銀河の心に触れるきっかけを教師が与えてくれた時、子どもたちの中に湧いてくる思いが、「畏敬」なのではないでしょうか。

◆聞くことの大切さ

子どもたちが話を聞きたくなる教師とは、話をよく聞いてくれ、自分が考えている以上に深く受け止めてくれる教師です。人が話をするとき、話の内容は本当に話したいことのほんの一部だけなのです。その奥に動いているものがあるわけですが、教師がそこまで聞き取り、言葉にしてくれることを、子どもたちは望んでいます。そうすると、子どもたちも、「私の言いたかったのはそういうことだ」「まさにそういうことを考えていたんだ」と気づくことになります。そういう聞き方をしてくれる教師の話であれば、子どもたちも聞きたくなるのです。

教師が、話している人が言いたいことのいちばん奥にあるものは何か、言葉にならないことまで聞き取るからだをしていないと、子どものほうにもそれが伝わってしまいます。聞く力のない人には、何も言う気は起こりません。言う気がしないというのは、子どもがまだ言葉にはできないけれど、何とか意識化して表現していきたいと思っている部分を、教師によって引き出してもらうことを諦めなければならないということです。

九歳の徹《とおる》くんは不登校です。一九九九年の三月に、賢治の学校に初めてやってきました。さわいでいた子どもたちに向かって、「人間っていったいどこで聞くんだろうね」と私が投げかけた瞬間、徹くんの口から、彼がずっと考え続けてきた、人間という存在に対するとらえ方や、思いといったものが、一気に噴き出したのです。授業全体の流れからすると、ほかの子どもたちにとっては、「そんなことは難しくて分からない」「聞きたくないよ」という状態でしたが、私には、目の前にいる徹くんが、教室という場で、やっと自分の話を聞こうとする大人にめぐり合った、と感じて、話しはじめていることがはっきり分かりました。そういうときは、とりあえずまわりの子どもたちにそのまま話を聞いてもらってから、徹くんが言おうとしていたことを、待ってくれていた子どもたちにも理解できるように橋渡しをするのが私の授業になるわけです。

教師には、子どもたちが発する、まだ十分には言葉として表現できていない点のようなたくさんの言葉をつなげて、自分のイメージの中で線にし、面を作り、立体的に組み立て、子どもが言おうとしている全体像を構築していく力が必要です。そういう聞く力のある教師に会ってこそ、子どものほうにも話したいという気持ちが起きてくるのでしょう。

聞くということは、お互いを尊敬する気持ちがなければ成立しませんし、それがなければ授業も成立しないのです。授業も、人間関係も、「聞く」ということから始まります。教師自身が、ただ単に子どもの話を聞いてあげるという関係ではなく、子どもの言葉のもっと奥にある、まだ言葉になっていない部分、子どもが本当は何を言おうとしているのかということに対して、自然に限りない関心を持つことができるからだになっていることが大切なのです。

子どもたちの話を聞いていて私が最高に面白いのは、子どもたちがまったく意外な角度から素朴な疑問を投げかけてくることです。それを私も子どもたちとともに探りながら、子どもたちの意識、からだの流れにそって深めていける場をつくっていくことが授業なのです。最初から筋道が決まっているような授業など、やる必要はありません。教師である自分が壊されたり、あらためて考え直さなければならなくなるような投げかけを子どもがすることが、面白くてたまらないのです。子どもの側からすると、自分が素朴に疑問に思っていたことを深めてくれる相手にやっと出会えたということだと思います。教師も、自分の考えていることを壊してくれる相手に初めて会うことになるのです。その出会いの場が、教室であり、授業なのです。

確かに生徒のなかには、教師の話を聞かない子どももいます。その問題には学校を超えた部分ももちろんあります。その部分をフォローするため、賢治の学校では、子どもの頃、親から話を聞いてもらえなかったまま親になっている人たちのワークを通して、親自身が自分の問題に取り組んでいける手伝いをしています。

基本的に、学校は、親にさえ満足に話を聞いてもらえない子どもたちの言葉を聞こうとするところに立つ姿勢が必要です。でも、授業を子どもたちが聞こうとしないからといって、教師だけが自分の授業が下手だからと、自分を責める必要はありません。どこに問題があるのかについては、親は親の役割を、教師は教師の役割を、それぞれが深く考えなければいけないのです。

繰り返しになりますが、まず教師として大切な仕事は、子どもの話をじっくり聞くことです。生徒の人数が多すぎて、とても一人ひとりの言葉が聞けそうになければ、一クラスの人数を減らすように要求していくことが必要です。そういうシステムの問題については、教師も自分の力の限界を知って、たとえば「一クラスの生徒数を二〇人にしてください。そうでなければ、責任は持てません」と、きちんと言わなければいけません。

今の自分の実力では何人が限界かを、つねに知っておくことが重要ではないでしょうか。もちろん要求したからといって、すぐにその人数になるわけではありませんが、己の力を客観的にとらえることなくして取り組むと、やたらと自分を責めたり、聞くことをより可能にする授業の仕方や内容を工夫する努力をしないで、授業をしてしまうことになりかねません。

第4章　どういう人間を育てるのか

◆学習指導要領のウソ

学校のカリキュラムのもとになる学習指導要領は、全教科にわたっています。これらを学んでいくと物事を深く考える人間が育ち、道徳教育によって他人のことを思いやるようになり、知的にも心の面でも成長を促すことができるとされています。その中で、各学年ごとに、生徒ができるようになる目標が定められているのですが、子どもがそれをできるようにすること、到達させることが、教師の仕事になってしまいがちです。

また、目標に到達できなければ、「できない子」というレッテルを貼られてしまいます。子どもたちは、何かを獲得するため、何かができるようになるために、つねに評価がにらみをきかせているようなところに追いやられている状態です。

そういう状態をずっと続けていくと、子どもたちの精神面にどういう影響が出るのかといったことは、ずっと置き去りにされてきました。さまざまな問題が起きはじめてから、文部省は慌てて道徳教育を特設しました。それでもなお、いじめの発生を止めることはできませんでした。道徳教育の時間が足りなかったせいではありません。大人がそういうふうに生きていない社会の中に子どもたちも生きている以上、道徳教育と口先で言っても、意味がないのです。道徳教育の大切さを口にしている役人たち、親たち、大人たちは、はたして自分自身にそれを厳しく問うて生きているでしょうか。

子どもにとってもっともリアルなのは、いい大学を卒業した人がいい給料をもらっていることなのです。テレビや新聞を見ると、一握りの大学を出た人たちだけが活躍しています。代議士などは、大学を出ていない人はいないような状態です。しかし現実は、代議士の多くは、官僚がつくった筋書きどおりに動いているロボットのような存在ですし、官僚も一流大学出身者で占められています。

そういう官僚たちが、都内の一等地にある贅沢《ぜいたく》な住まいを破格の安さで借りて住んでいるという事実があばかれ、報道されていました。その時は、私たちは一瞬驚いたものの、すぐ驚かなくなってしまいました。結局、いい大学を出ている人間だけがうまい汁を吸えるということを、からだは知ってきたわけです。そういう事実は、子どもたちの中にも親たちの中にも浸透してしまっています。その結果、物事を深く考えない親たち、何が人間にとって大切なことか、何が本当の幸せなのか深く考えない親たちが、「とにかくいい大学に行くために、いい点数を取りなさい」と、子どもに要求するようになってしまっているのです。

◆お任せの教育

いまはすっかりお任せの教育の時代です。任せられる教師がいい教師であるという具合に、お任せ可能な度合いが、教師に対する評価基準になっています。そうなると、親は、ついにこんなことまで学校に要求してきます。「言うことを聞かないから叱ってください」「箸《はし》の持ち方を教えてください」「食べ方の指導をしてください」と。学校も学校で、任せられたことに応えることが学校の仕事とばかりに、「親の言うことをよく聞きなさい」と子どもに言ったり、箸の持ち方を教え、食べ方を教えることまでしてしまうことを引き受けていったのです。

給食の時間に教えられた「三角食べ」を卒業後もずっと続ける人さえいるほど、学校での「しつけ」はからだにその形を残してしまいます。教師による給食指導が徹底した子どもたちほど、自分がどう食べたいか、からだが何を欲しているかによって食べるのではなく、三角食べをしてしまうのです。

また、学校給食は大量に食べ物を捨てることを子どもたちに教えることにもなっていきます。教える側は、本当に苦しいものです。どんなにいい素材を使った料理でも、残ったら捨ててしまうのを子どもたちにさせることになります。そんなことをさせることで何を子どものからだに残していくのでしょう。考えてみてほしいのです。生きているものを殺して食べているのに、残ってしまったらそれを残飯として捨てるわけですから、それはまわりまわって自分のいのちも人のいのちも大事に思わない子どもをつくることにもつながってしまいます。

素材を売る側は、少しでも多く売れるよう、捨てることを歓迎するでしょうが、食べ物というのちを平気で捨てる子どもたちが本当に元気な人間になっていくとは、とても思えないのです。そういうことは少し考えれば誰にでも分かるのに、親は自分の都合だけを優先して、深く考えようとしません。食べることを学校に任せてしまうと、子どもは何を失っていくのでしょうか。こういうことで子どものからだには何がいったい残されていくのでしょうか。

最近、テレビでも子どもたちの食事について取り上げられることが多くなりましたが、その中で「食べるのがいや」「めんどうくさい」「食べなくてすむなら、食べたくない」「おいしいと思って食べたことなんかない」と語るたくさんの子どもたちの様子が映し出されていました。予想していたとはいえ、子どもたちのからだはもうここまできたのか、と、ショックを受けました。生命力があるからだは、当然食欲もあるのです。「食べたくない」ということは、子どもたちのいのちが薄くなり、萎《な》えてきているということでしょう。これは存在自体が透明になってきているということでもあるのです。

ある市長さんが、「給食をやめよう。子どもの食べるものは親が作るべきだ」と提案したことがありました。親たちは、「そんなことになったら勤めに出る時間に間に合わない」と反対しました。わが子が食べるものを親が作らないのがどういうことか考えず、自分の都合ばかり優先するのです。当時、中野区立桃園第二小学校で三年生の担任をしていた私は、クラスの子どもたちに、市長の提案をどう思うか聞いてみました。子どもたちは、「給食がないと、お母さんが早起きをしてお弁当をつくらないといけなくなって、寝る時間が減るからかわいそう」と言うのです。

でも、本当のところは、子どもたちは、自分のからだが本当に必要としているものを、お母さんやお父さんに感じとってもらい、おいしいお弁当を作ってほしいのです。お母さんが大変だと思ってしまう子どもたちは、自分がどうしてもらいたいのか分からなくなってしまっているのです。子どもにとって、食べることは、ただ食べ物を口にしているだけのことではないように思えてなりません。子どもたちの本当の心が読み取れない親は、朝食さえ作らずにパンをかじらせ、「給食をしっかり食べなさい」と言って、子どもを学校に送り出すのです。親は自分の子どもの食事を作ることにさえ、関心をもたなくなったのです。それは子どもたちの心にとって本当の食べ物は何なのか問おうとしない行為と同じです。

給食を指導している教師の立場にいたとき、私は給食がなくなったら、教師はもっと心に余裕ができて、子どもたちを見ることができるようになるのにと、何度思ったか分かりません。給食があるため、学校の外での学習は難しくなります。何があっても給食に間に合うように教室に戻らなければいけません。このことは授業の形態を不自由にし、臨機応変に学校から離れることを不可能にしているのです。

ＮＨＫのある番組で、日本の子どもたちの食生活を取り上げていました。インスタントや冷凍食品を中心とした食事の内容を見て、そのあまりの貧しさに、二〇年くらい前に目にした新聞記事を思い出しました。それは、幼いころに食べたものが、一生の食生活を左右するという内容でした。その記事の中に、「給食で冷凍食品を使ってくれれば、今後、冷凍食品がすたれることはない。戦略として成功した」という冷凍食品会社の人のコメントがあったのです。事実、その通りになったことを、番組が証明していたのです。

食事は、一般的にこの国では一家団欒《だんらん》のシンボルとして語られてきました。テレビ番組やコマーシャルでも、食卓を囲む団欒のシーンがよく登場します。しかし、それは親が親として子どもを育てている家庭の場合であることが、この十年の間に分かってきました。食事が親のぐちや叱責を聞かされる場であったり、暴力をふるわれる場であったりする家庭にあっては、食事の時間は胃もちぢむ苦しい時間なのです。ましてや父親がお膳をひっくり返したり、嫁姑、夫婦の冷たい関係があっては、場の雰囲気は凍り、子どもたちはリラックスするどころではないのです。

子どもにとって、気をつかう、くつろげない、怖い食事の場がいかにたくさん存在してきたか、そして今もそれが続いている家がたくさんあるということを、子どもや教師について語る人は、知っておく必要があるでしょう。子どもを守れないような人が親になり、子どもを育てているのです。しかもそれを変える努力さえしていない人がいるという現実——ここから生まれてくる問題も、学校や教師は引き受けざるを得ないのです。

◆学校は何をするところか

管理がもっとも徹底しているのは軍隊です。管理を貫徹した軍隊にあっては、上官に対する暴力ざたなどほとんど起きないでしょう。管理を徹底したら、軍隊のように規律正しくなるのです。管理がゆるやかになったからこそ、校内暴力という形をとって、子どもたちのからだにため込まれていた問題が噴き出したのです。

管理が厳しいから生徒たちが暴力を振るうとマスコミが報道したのは、一面的な見方です。もちろんこの見方がまったく違っているわけではありません。一人の教師がたくさんの子どもたちを指導しようとすると、集団としてのまとまりをもたせないと一斉授業が成り立たなくなることも起きますし、子ども同士の安全を保障する上でも危険なことが起きないとは言い切れません。とても乱暴な子どもが混じっていることもありますから、とりあえずその暴力がほかの子どもたちに向かわないよう厳しく対応するということも、緊急かつ一時的に必要になります。

授業や集団の安全が保障できる程度の管理は、学校として必要なのです。学校によっては、髪の毛やスカート、ズボンの長さなどことこまかに管理する学校もありましたが、それはその学校が子どもたちに勉強させるための統制を必要としたからです。なぜ統制する必要があったかというと、教師と生徒の間に信頼がなく、また教師自身に実力がなかったからでしょう。実力があれば、そういう統制などしなくても、いやしないほうが授業をきちんと受ける子どもが育っていくのです。

制服について考えてみましょう。親にとっては制服があれば服をあまり買わなくていい、服のことであれこれ考えなくてよければ、勉強に集中できるから都合がいい、といった程度の論議でしょう。子どもはそういう親やうっとうしい教師から自由になりたくて、自分が着る物は自分で考えると言っていますが、本当のところは子どもにとって学校という存在は必要なものとも思えず、そもそも学校で何をするのか、自分のからだの必要からは分からなくなっているとも言えるように思います。

◆大人にふりまわされる子ども

学校は学び遊ぶところだというところに立てば物事がはっきりするのですが、そもそも学ぶこと自体が、子どものからだの次元で本当に必要とされるものになっていないのです。それを分からなくしていった最大のものは、学ぶ目的がいのちの道からはずれて、経済の論理にのっとり、安定した高収入を得ることができる大人になるための「勉強」を強いられることであり、その一方で、学校の外から子どものからだや心を混乱させ、欲望をかき立ててくる、子どもを消費者にする経済の動きがあげられます。そのためにつくられたさまざまなシステムが、子どもたちが本当の意味の学問をして、何が本当の理《ことわり》なのか、本当の幸せなのか、どう生きることが人間の道なのかを追求しだしたら成り立たない、資本主義社会を維持するための宿命的なシステムです。

この社会の中にあっては、何が本当に大切なのかを考えるより、いかに無駄にモノを使い捨て、お金を回していくかを考えることのほうが大事にされてきたのです。モノを大切にしたり、あまり買わなくても幸せを感じる人間が増えれば、モノは大量に売れなくなります。そんなことになってしまったら、お金が流通しなくなり、会社や企業は成り立たなくなってしまうのです。

子どもを消費者にしようとする大人たちのたくらみは、たとえば私が教師だった頃、こんな教室風景をつくりだしました。子どもが持ってくる筆箱は一つではありません。床に落としたら、それだけで教室の静寂が破れるようなカンペンケースや、匂いのある消しゴム、形を変える消しゴム、ゲームウォッチといった類いのものをいくつも持っています。勉強するためには一つで十分なのに、文房具が玩具になってしまっているのです。早く無駄にして使ってもらうため、ノートにしても色とりどりのものが開発されています。このように、大人たちはあの手この手で子どもの消費欲をかき立てているのです。

たくさんの電子ゲームが出まわり、外で遊ぶより、室内で電子にさらされている状態では、子どもたちのからだや心は、いままでのようなやり方の勉強には集中できません。電子ゲームの魅力にとりつかれた子どもたちを、それ以上に魅力的な授業で集中させ、電子ゲームで失われていく感覚を補うものとしての授業をつくりださなければ、子どもたちはますます増大していくゲームに振り回されることになっていきます。そういう子どもたちに対しては、よほど教師に実力がなければ、従来の授業作りの発想だけでは、とても対応できません。結局、授業がつぎつぎに成り立たなくなるのです。

子どもたちの意識が、電子ゲームやアニメといった他者がつくり出した外側の世界に入り込んでしまうと、子どもたちは自分の内側に集中して、みずからの学びを成立させることがむずかしくなっていきます。遊びを次々に商品化するおもちゃは、子どものからだにとって第三者から遊ばされる遊びになったり、遊んでいるつもりでもじつは大人が予定した遊びにからだをあわせることになったりするわけですが、自分のからだの内側に入り込むことを求めている段階の子どものからだにとっては、自分が遊んでいるのか遊ばされているのかの区別がつかなくなり、バーチャルとリアルの境を認識しにくくなり、後々大きな弊害を起こす可能性を持っているといえるでしょう。

一九九〇年ごろから、イメージの授業で、とくに男の子が描いた絵の中に、テレビやファミコンのなかのキャラクターばかりがたくさん登場するようになったことには本当に驚かされました。自分の中に自分を保つだけの力がない子どもたちのからだが、電子ゲームやアニメといった大人のつくりだした世界に侵入され、占領されてしまって、自分の中に独自の創造力を育むことができなくなっていってしまったのでした。

友だちとの人間関係も、子どもたちを自分の内側に集中できにくくさせています。そしてはずされる心配、いじめられる心配が過剰にふくれあがり、それがまたその状況をつくり出していきます。自分が仲間はずれにされないよう、話題作りをし、流行を追うことなどに忙しくなってしまって、ますます心は外に向かい、内側で学ぶことへの無心な関心はもちにくくなっていきます。ファッションについてもしかりです。

その結果、子どもたちは、自分のからだの内からわいてくる、自分が分かるまで、からだが納得するまで事象や対象を追求していく力が弱くなります。ですから、いつもまわりの情報にふりまわされ続けるのです。そのため、教師がまず子どもたちのからだや心からそういう余計なものを本気で取り除く授業、自分自身の本当の心に正直になっていく授業をつくらなければ、子どもたちのからだで授業が成り立っていくのがますます難しくなっていってしまいます。

もっとも、こういった子どもたちのからだの内と外に起きているすべてのことは、何が学校のやるべきことなのか、子どもたちのからだにとって必要なものなのかを、私たち大人に気づかせるために起きているのかもしれません。これらのすべてが、こどものからだにとって必要な授業とは何なのか、本質的なものとは何かを見つけていく実験として進行しているのかもしれません。

きっと、そうなのでしょう。

◆学校の問題の正体

この私の心のなかにある問題は、親が持っていた問題がその大半を占めています。親の持っていた問題はさらにその親から引き継いでいるのですが、多くの人は、自分の心の内と外に起きていることを、そういう問題として認識したことはありません。自分が感じる漠然とした不安を、占いや血液型などを手がかりに分析したり、自分には自分以外の大きな力で動かされている部分があるというふうに運命的なものととらえたり、さまざまな行為をすることによって自分の心のおさまりをつけようとします。そういうふうに見ないと落ちつかなかったり、納得できなかったりといったことが起きてきます。また、さまざまな宗教を支えにして、自分を保とうとする人もいます。


子どもたちを見るとき、その子どもたちの行動を、ただ子どもたちが引き起こしているものとして見るのではなく、親との関連の中で見てみる必要があります。そこには親が人間として生きていく上で、人生のなかで取り組まなかった問題の結果があるからです。その親が取り組んでこなかったことはいったい何かということを考えることなくして、子どもを見ることはできません。

たとえば、不登校は「学校の授業が面白くないから」「学校でのびのびできないから」と、子どもたちの学校に行く気をなくさせた学校の責任だと言われ続けてきました。不登校は学校が悪いとずっと思われ、それで片づけられてきたのです。けれども、この二、三〇年ほどの間に、日本の子どもたちのからだに現われてきたことは、それだけではとても説明できません。

学校の問題を考えていくとき、学校をつくっているのは誰かということをしっかり考えないと、問題をつくりだした主体と自分との関係がはっきりしなくなります。学校だけが学校を作っているわけではないことを考えずにはいられないのです。学校にはたくさんの子どもが集まって来ますから、子どもたちの持っている問題、つまり親の持っている問題が集約されることになります。その中には教師によって引き出される問題もあれば、個人としての教師に関係なく出てくる問題もあります。また、教師自身が持っている問題、教師の親の問題が加わり、さらに教育委員会や文部省からくる問題も複合されて「学校の問題」ができているということも、おさえておく必要があるでしょう。

私の知るかぎりでは、日本の学習指導要領全体を見直していこうとして動きだした親の組織はありません。小学校から高校までの学校で教えている内容が、子どもに本当に必要なことなのか、子どもの幸せにつながっているのか、親たちが真剣に検討したことはないように思うのです。親たちの多くは、学校が要求してくることにいかにして応え、自分の子どもを合わせるかに熱心です。たとえば、わが子が給食のときにみんなと同じスピードで食べることができるように、家で練習させている母親さえいる現象ひとつとっても、このことはいえるでしょう。つまり親は、子どもを子ども自身にではなく、学校に合わさせているのです。

学校側は、さまざまな理由をあげて、親にそれを要求してきました。たとえば、「学校は集団行動をしていますから、時間で区切って、時間割どおりに子どもが動いてくれないと困ります」とか「次は音楽の時間なのに、準備ができていなかったりすると困ります」といった具合に、あくまで学校の都合を優先します。時間で子どもたちのからだの流れを区切ることがいったいどんな問題をからだに起こすのか深く追求することなく、ただ慣習として守っているだけで、それが本当に子どもたちのためになっているのかということについては、じつは深めていないのです。親が子どもを学校に合わせようとする一方で、教師も親の要求に合わせようとすることも起きてきます。いずれにしても、おたがいに主体性をなくしている点では変わりありません。

私は教師時代、その視点から同僚たちに何度も問題提起してきましたが、指導要領で決められていること、教科書に書かれているとおりを子どもたちに教えるのが教師の仕事だと思い込んでいる教師にとっては、とても耳を貸したくなる意見ではなかったのです。こういうことを体験すると、教師は役人だということがよく分かります。悲しいことに、教師は上の指示どおりに動くことを強制されている立場にいる人間だということに気づかされます。教師が「いま目の前にいる子どもたちのために」と、上からの指示に従わなかったりすると、最終的には処分されるでしょう。

そういう教師に対して、親が「私たちは支持します」と支持し、行動するような関係をつくらなければ、教師はとても子どもの味方にはつけないのです。戦後、「母と女教師の会」などを作った親たちは、子どもたちの未来のことを考え、二度とわが子や教え子を戦場に送らない社会を作ることをめざして活動してきました。現在でも、各地に「母と女教師の会」が残っていますが、かつては親たちが教師を育てていた時期もあったのです。私もたくさんの親たちによって教師として育てられてきた一人です。

◆みんなが違って、みんないい

どんな授業をするときでも、私と親たちは一緒でした。そして授業の後、授業がわが子にとってどうだったかを親が私に伝えてくれました。親と私とがたがいに協力し合う関係をつくっていること自体が、すでに子どもたちに大きなはげましの力を与えていたということが、子どもの立場に立ってみるとよく分かってきます。でもそんなふうに親とつながると、私は学校のなかでは孤立することになります。同僚には、「親にいい顔をして、仲良くして」というふうにに見られますし、私の授業が教科書どおりではないこともやり玉に挙げられるのです。

校長は、同僚たちから「鳥山さんのやり方を許していいのか」と突き上げられます。そのために病気になった校長もいました。私が勤める学校の校長は大変です。でも校長たちの多くは、「鳥山さんがんばれ」と言うしかなかったのです。なぜなら、親が、校長や教頭に対して、「校長先生がんばってください。応援します。鳥山さんを守ってください」と言うからです。

こういう現象は、教師の世界だけではないでしょう。私は、私を批判、非難する同僚たちの存在のおかげで、自分がしていることを冷静に見つめる機会をもらっていましたから、自分がやろうとしていることができないことを彼らのせいにするような必要は一度も起きませんでした。また、どの教師のなかにも、私と同じように、自分がしていることが子どもたちにとって大切なものでありたいという気持ちが根底にあるのを日々の仕事の中で感じていました。彼らにはその道が見つからず、それがあせりやいらだちとなって、私の存在をうとましく感じているということが起きていたのです。

ただ、そういう教師の心の中には、やっかいなことに、自分の心の積極的な思いを深め、本質的なところにまで問題を追求していくのを邪魔する「足並みをそろえず、人と違ったことをする他者は許せない」という意識がのさばっているのです。そこは本人が自覚しなければ、とても足を踏み入れることのできない領域なのです。個々の教師がどのくらいその意識と向き合うかについては、その教師が育ってきた家庭環境も大きく関係しているでしょう。さらに、それはもしかしたら、戦争体制をつくるための思想統制、たとえば「非国民」「アカ」という言葉に象徴される、自由を束縛する動向や、五人組制度や村八分といった、長い間続いた過去の制度の影響が心の傷となって引き継がれ、教師たちの心の中に強く残っているせいかもしれません。

ここ数年、たくさんの人のトラウマに触れる仕事に集中的に取り組んできた私には、長い歴史のなかで、まわりの人たちと足並みをそろえさせられてきた無意識の心の傷が、心の深いところにある核の部分に残っていて、人と違うことをすることの恐怖や、自分がやりたいことは何なのかを感じ取ることを分かりにくくしているものが働いているように思えてなりません。また、そのことに対する恨みが強い人の場合は、極端に「自分中心」「身勝手」な行動となって現われているような気がします。しかし、どちらの現われ方も、他者から拒否されることへの恐怖が根底にあることは共通しているところです。

人間関係においても、たいしてさしさわりのない場合は仲よくできますが、一つでも根本的な問題に触れ、対立しようものなら、一変して犬猿の仲になることも起きてきます。けれども、表面的につきあっていただけで、もともと納得しあっていなかったような関係の場合は、本当の関係は犬猿の仲になるところから始まるとも言えます。そこからが面白くなるのですが、同時にそこからがしんどくて、相手とつきあうのを止めてしまう人が多いのです。

「みんなが違って、みんないい」「バラバラで一緒」という美しい言葉が私たちのからだの内側から自然にやってくるまで、私たちは、他者とぶつかり合っても関係を諦めない練習をまだまだ繰り返さなければならないでしょう。

◆不登校が問いかけること

一人の子どもが成長していくために、いったいどのくらいの愛情が必要なのでしょうか。あなたは考えてみたことがありますか。ほとんどの親は、自分が親から受けた愛情を基準にして、無意識に判断しています。自分の子どもの頃よりも、親である自分からの愛情をわが子が受けていると思えたら、自分は子どもに充分愛情を注げていると思いこんでしまいます。

あくまでも自分の体験をゼロベースの基準にして考えてしまうのです。たとえば学校という言葉を使ったときは自分の学校体験を基準にするし、親という言葉を使ったときは自分の親を基準に考えてしまいます。それぞれの親は、自分の生活体験を基準にしてあらゆる判断をしているのですが、現在では、自分を基準にしているだけでは済まされなくなってきたのです。相手を動かしていく上で、自分の体験が、かつての親たちのようには役に立たない時代がやってきたと言えるでしょう。

不登校について考えてみましょう。今では、多くの大人たちが、口では「不登校の子どもの気持ちが分かる」と言うようになりました。しかしそうは言っても、本当のところは「どうして学校に行かないのだろう」と思う心をどこかに持っています。当たり前です。自分は体験していないのですから、そう思って当然なのです。想像力を働かせて、だいたいこういうことだろうと思えても、気持ちまではなかなか分からないのです。そういう時は、分からない自分を素直にさらけ出すしかありません。それをさも分かったかのように言うと、子どもに過度の期待をもたせてしまい、その期待に応えきれなくなり、さらに不信をつのらせてしまいます。不登校をしている子ども自身も、それぞれが引き受けていかなければならない課題も引き受けすぎて、結局、根本のところでお互いが依存する関係を作ってしまうことも起きてきます。

相手のことが完全に分かることが大切なのではありません。相手のからだの次元で、相手が完全に分かるということはありえないと知っていても、理解しようとせずにはいられない心が、相手への関心として強い気を放ち、人と人をつないでいるのです。自分はひとりぼっちだと強く感じて動けなくなっている人にとっては、ある時期、しっかり自分のほうに向いてくれているという手応えにひたることは大切な気がします。もちろんこれは一歩ふみこみすぎると、共依存の関係になってしまいます。相手に応えようとする心が、相手が自分のことを分かってくれるまで動けないような状態に自分のからだをとどめてしまうことにもなりかねません。

でも、こういうことも、自分と相手を知っていく旅の途中で、体験する必要があるからこそ起きてくるとも言えます。きっと人間は、頭ではなく、からだが納得するまで、いろいろなことをやってみるしかないのでしょう。「もううんざりだ」「満足いくまでやった」「気が済んだ」というところまで、からだは突き進んでいくのだろうと思います。そして、行けるところまで行くことをからだに保障したとき、それぞれのからだにとって、本当に必要なことがはっきりしてくるのでしょう。その時、それぞれのからだから自分自身の言葉が誕生し、常識で判断するのではなく、自分の生身のからだが体験したことの一部を、言葉にして語れるようになるのでしょう。そうなってはじめて、からだも言葉も自分にとってリアルに感じられるようになってきます。それは、からだにとって、生きることがリアルになっていくことでもあるのです。

◆子どもの問題行動を問い直す

子どもの問題行動によって、親ははじめて学校について考えなければならなくなりました。かつて自分が毎日疑いもなく行っていた学校に、自分ははたして本当に行きたくて行っていたのかということまで問われなければ、子どもの問題行動の本当の意味は感じ取れません。どんな物事も、すべて自分自身を問うことにつながっています。子どもたちのさまざまな行動のもとは、親である自分の存在と無関係ではありません。

考えてみると、学校は行くものだと思っていたこと自体、洗脳されているような状態だとも言えるのです。なぜなら、どうして行かなければいけないのか自分に問うことなく、そう思い込んでいるからです。自分のからだを通してそうなったのではなく、教え込まれ、思い込まされて、こうあるべきだと言われたことに従っているだけだったからです。そういう自分の姿に気づくきっかけが、子どもたちのさまざまな問題行動であり、その行動を起こしてくれることで、深く物事を考えるための「気づき」を、子どもたちがくれているのです。それによって、親は自分がふれることはもちろんのこと、見向きもしなかった世界にふみこまざるをえなくなり、感じ方や物の見方が深まり、人生が豊かになるのです。こういうふうに物事を考え、角度を変えて突き詰めていくと、親の人生をより豊かにするために、子どもがさまざまなことをしてくれていると言えるのではないでしょうか。子どもは、親を親として、人間として成長させるために生まれてきたと言ったほうが的確な表現のような気がしてくるのです。

わが子は何も困ったことはしない、順調だ、と思っているような親がいるとしたら、そういう人は、自分の子どもの代ではなく、その次の代で困った問題にぶつかるかもしれません。あるいは前の代の親たちが取り組んでくれていたから、いまは問題として出ていないのかもしれません。何も起きていないように思える人は、自分は、親が困るようなことをさせる自由すら子どもに与えていなかったのではないかということを振り返ってみてもいいでしょう。あらゆるできごとを自分に都合よく解釈しようとすると見えなくなることがあるということを、しっかり肝に銘じておく必要があります。

たとえば、お酒ばかり飲んで、妻とろくに話しあえず、暴力を振るうことさえあるアルコール依存症の父がいるような家庭の子どもは、つねにいい子でいなければならず、悪い子になる自由はありません。父親からいじめられている母親を見て、これ以上かわいそうな目に合わせたくないという思いが、子どものからだの骨の髄までしみ込んでいますから、徹底していい子を演じるのです。そういう子どもは、学校の成績もいいし、はためにはとてもそんな家庭の子どもとは思えないほどいい子に見えますが、見方を変えると、悪い子になって母親を困らせるようなことをする自由がないとも言えるのです。そういうふうに角度を変えて物事を見ると、大人の価値判断で、常識的な善悪だけを基準にしていては見えなかった世界が見えてきます。

問題に対する考え方次第で、一見まずいと思えるようなことも、新しい気づきをくれたり、行動を触発してくれたりするために起きているともとれ、その人にとって必要だから起きているだけだということにもなっていきます。こういうことが分かってくると、自分の身や家族、学校、社会に起きていることには、何一つ悪いことも無駄なこともないとも言えるのです。

子どもたちは、からだを張って、いのちがけで、生きるとはどういうことか、何が大切なことなのか、大人になること、親になることとはどういうことかを、大人に突きつけてきてくれています。どのからだも、生きるということがどういうことかをつねに問いかけ、もっといきいきと自分らしく生きたい、と叫んでいるのです。学級崩壊も同じです。「学級崩壊」という言葉は、あくまで教師や親の側が使う言葉であって、子どものからだの側から見たら、崩壊ではなく、異議申し立て、つまりいったん解体するから、じっくり考え直してみてほしい、ということなのかもしれません。

第Ⅱ部　家族のきずな

第5章　家族のきずな

◆境界のない家族

松木《まつき》和子《かずこ》さんの家族と関わって五年たちました。最初の頃、和子さんの中ではひどい混乱が起きていて、父親、母親、姉、弟に対する憎しみで凝り固まっていました。お姉さんは優秀、弟はたった一人の男の子だからと、両親の待遇が和子さんとは違います。呼び方まで差別され、和子さんだけ呼び捨てにされたそうです。

和子さんは、二〇年ほど前、家を出たくて、自分で就職先を決めました。けれども、その直後に、両親から「お前は家に残れ」と言われ、両親が経営していたお店を引き継ぐことを余儀なくされました。両親は、お姉さんは優秀だからと役所に勤めさせ、両親の作った何千万もの借金を、妹の和子さんに肩代わりさせたのです。その後、結婚して夫を養子に迎えた和子さんは、夫婦で家業を引き継ぐことになりました。

両親とも八〇歳を超える頃になって、弟が土地や財産は長男の自分がもらって当然という顔をしました。両親と同居すること自体つらかった和子さんに対して、両親は感謝のひとことさえ口にしません。しかも和子さんは、夫と両親がぶつからないよう、来る日も来る日も気をつかってきたのに、ここに至って弟が実家のそばに戻り、当たり前のように財産を奪おうとするのです。和子さんは、苦労してきた彼女の努力を無視する弟に腹を立てています。

夫は夫で、何かにつけて義父とぶつからないよう和子さんから抑えられるため、家の中ではいつも不機嫌です。仕事が終わると外出し、地域の活動に打ち込んで遅くまで帰ってきません。和子さんは、そのことをさびしいと思うより、夫が家にいる時間が短ければ、それだけ彼女が気をつかうことも減るからと、それをよしとして自分の心をやりくりしてきました。

和子さんの夫が子育てにあまり関わらなくなったのを見て、和子さんのお姉さんが子育てを手伝ってくれるようになりました。お姉さんはお姉さんで、両親の世話やお店の経営を妹に任せきりにしていることを心苦しく感じているからです。お姉さんは五〇歳を過ぎていますが、実家をなんとかしなければと、妹の三人の子どもを自分の子どものように面倒を見て、結婚する機会をつくろうとはしませんでした。

和子さんは、自分が両親にいちばんないがしろにされてきた怒りをからだにためこんでいきました。ある日、和子さんは、そのことをほんの少しだけ父親に訴えました。その瞬間、父親は食べたものをすべて吐き、彼女に暴力をふるい、拒絶しました。もちろん和子さんは大きなショックを受けました。この何年かの自分の努力が報われないばかりか、父親が暴力までふるってきたのです。父親は、娘の和子さんの言うことを受け入れたくない心を、吐くという行為と、払いのけるという暴力で和子さんに対して表現しました。どうして父親は争いをもちこんできたのでしょう。和子さんは、それぞれの人が分からなくなっているのは何かはっきりさせていかないと、問題に取り組む糸口が見つかりません。

和子さんの家族は、一見いがみあったり、交渉を持たなかったりして、関係が薄いようにも見えますが、実際はまったく逆です。血のつながりが、より強くお互いを支配しあったり、期待しすぎたりする結果を生み、境界線のまったくない人間関係をつくりあげているのです。父母の子どもへの期待が、子どもは親の思うとおりに動いてくれて当たり前という支配になり、それがうまくいかないと裏切られたように感じて憎悪を増幅させ、分かってもらいたい心がののしりの言葉となって罵倒し合うところにまで、お互いを追い詰めてしまうのです。

相手のことを思って、相手にふみこんで深く関わっている人ほど、ちょっとしたことで裏切られたと感じたり、少しでも自分の思いどおりにならないことがあると、怒りを強く噴き出させ、相手をののしるようなことをやってしまいがちです。これはお互いの関係が希薄だから起きているのではなく、ある意味で関係が濃密すぎて、相手とのほどよい距離をとれなくなってしまっているために起きているといえるのです。

ここで起きていることは、こういう境界のない関係をつくってしまうお互いのからだそのものがすでにこれまで何世代にもわたって問題をはらんだまま手つかずの状態できたために引き起こされたことなのです。このぶつかりあいは、お互いのからだにたまった何世代もの毒が吐き出されている行為と見ることもできます。お互いが自分一人のからだに負えなくなったため、ののしるという形で噴き出させているのです。

こういうことが分かれば、言葉の内容ではなく、そのからだを突き動かしている原因を感じ取る大切さが分かってきます。言葉だけに振り回されると、「売り言葉に買い言葉」でかみ合わなくなってしまいます。吐き出される言葉の奥にあるお互いの本当の心までたどりつけば、「雨降って、地固まる」で関係は深まるのです。

◆何のために生きるのか

自分の思っていることを言えず、自分の内側に閉じ込めてしまい、苦しくてたまらない状態になって、からだや心を壊してしまう人がたくさんいます。そういう人に比べれば、ののしりあえるところまできたからだは、その原因をたどることさえできれば、お互いの関係を変化させていきやすいといえるでしょう。そのためには、自分や相手をののしる段階にとどめさせないだけの覚悟と、それを可能にする力と心をお互いのからだが持っていることが大切です。

和子さんは、長い間、両親に何も言えずに生きてきました。両親を守ること、両親の期待通りに生きることを自分の宿命として生きてきたのです。両親の関係は、決してよくありません。そのことが、いつ自分の家族が壊れ、自分の居場所がなくなってしまうか分からないという不安を、和子さんに抱かせていました。母親が、「こんな家に嫁《とつ》いでくるんじゃなかった」とか「本当はほかに好きな人がいたのに、親に言われたからあなたのお父さんと結婚するしかなかった」と和子さんにこぼしたことも、和子さんを不安にさせていました。

たとえ言わなくても、親の心のなかに起きていることは、すべて子どもに伝わっていると思って間違いないでしょう。柔らかい子どもの心には、言葉にしなくても、混沌とした何か重苦しいものを抱えている親の雰囲気が充分伝わっているのです。親がたくさんの隠しごとを抱えていると、子どもは「なんだかよく分からないけど、お母さんが苦しそうだから守らないといけない」と思うようになり、自分のことよりも親のことを心配したり、自分の本当の感情を外に向かって表現するよりも閉じ込めてしまい、本当のその子らしい元気を失っていくということになっていくのを知っておくといいでしょう。

和子さんが、いい子として一生懸命家の仕事を手伝ってきたのは、そうしない限り彼女の存在そのものが親に認められないからですが、人間はこういう状況に置かれると、その原因を思考する力が抑圧され、考える暇もなくただひたすら働きつづけてしまいます。がむしゃらに働いて、いい子を演じつづけてきた和子さんは、とうとう生きるのがつらくなり、突っ走ることをやめて、立ち止まったのです。

長い間、わけのわからない閉塞状況に置かれていた自分の心が、その苦しさを見つめ、原因がはっきりしてくると、「ああ、こういうことだったのか」と謎が解け、何に取り組めばいいのか分かるようになります。和子さんは、自分がどれだけがんばって店の売り上げを増やしても、両親にとってそれは当然のことで、「親がまともだからこそ、娘がそれだけかせげるようになった」と思い込んでいる事実に激しくいきどおっている自分に気づきました。小さい頃から親に認められず、何とかほめてもらいたくて、店を必死できりもりしている自分。しかし何年たっても自分は親に評価されることなく、店のことを何もしない姉や弟ばかりが評価されてしまう。自分が何のために働いているのか、生きているのか、分からなくなっていたのです。

この話は一見松木家のことを語っているようですが、私がほとんど毎日のように続けているワークで出会う、多くの家族に共通しています。和子さんの親のように、自分が受けてきた心の傷に向き合わないままでいると、それを混乱したまま無自覚に子どもたちのからだに手渡してしまうことになるのです。そういう親でも、親として通用する時代が、何年も何年も続いてきました。しかし、和子さんは、三人のわが子の不登校をきっかけにして、親から認められようとして走ってきた自分を、ついに正面から見ざるをえなくなりました。

◆本当の人間関係を築くために

不登校や引きこもりになるのは人と関わる力がないからだ、と簡単に片付けられてしまうことがあります。けれども、人と関わるという意味自体、問い直される必要があるのではないでしょうか。かつては、近所どうしが親しく声をかけあった時代もありましたが、だからといって人間的な関わりが深かったと一概には言えません。

大正九年生まれの私の母の世代のように、ある面では本音で人とつきあうより、トラブルが起きないようにするためのおつきあいを最優先して生きているような人が、まだまだこの国では主流になっています。たとえば、冠婚葬祭にどんなに出費がかさんでも、「つきあいだからしようがない」と割り切ることができる人です。心にもないことを平気で口にする人もたくさんいますが、心が柔らかくなっている大人や子どもには、そういうことはできにくいのです。

いまの子どもたちを、昔より人と関わる力が弱い、と片づけてしまうわけにはいきません。親や大人たちのような形だけのつきあいではない、もっと素直で、正直で、深い、本当に人間らしい関わり方を強く求めている道の途上で、それを可能にしていく道が見つからない、と立ち止まっている状態であるとも考えられます。本当の自分を出してしまうと相手に拒否されるのではないかということが怖くて途方にくれている、と解釈することもできます。

表面では親しそうにしている親たちが、かげでは悪口を言っているのを見て育った子どもにとっては、自分も同じように振る舞ってしまいそうで、それが怖くて動けなかったり、自分も人から本当のところは何と言われているのか分からない不安におびえて動けなかったりしているのは、もっともなことです。友だちから悪口を言われたくないばっかりに、つきあいたくない時でも無理してつきあっている若者たちはたくさんいるのです。

「親の目子の目」というテレビ番組に登場した十八歳の岩淵城太《いわぶちじょうた》郎《ろう》くんは、「面白くなくても笑っていたりするのが急にいやになった。いっしょに話をしていても、一人でいるような感じがして不安だった」と話していました。高校をすぐにやめた彼は、自分の部屋で一日中漫画を描いて過ごすようになります。自分の心の中をイラストと詩とでノートに率直に書き綴っていくうちに、自分一人でそのノートを見ているのがもったいなく思えてきました。十七歳の時です。そして、アルバイトをして得た十万円で、「16才　17才　ぼくのうた」という小さな本を二〇〇冊つくり、十八歳の誕生日の前日に書店に並べてもらいました。

「自分の気持ちを知ってほしい。暗い気持ちや、後ろ向きな感じを読んでくれるだけでいい」と思ってつくったこの本は、評判になり、初版は二カ月くらいで売り切れ、増刷することになったのです。彼は、「一冊の本をつくれたことで、自分に自信がついた。情けなかったころの自分も好きになれた」と話していました。そんな彼の言葉に共感する若者は、たくさんいるのではないでしょうか。

◆親子の再生の道

自分に正直に生きる方向にからだが動き出した若者たちの中には、世間に合わせる顔をし続けることに疲れてしまって、「自分はどうせ人と関われない」「ダメな人間なんだ」と、動けなくなっていく現象が起きています。私はこれまでにも、こういう類いの自己否定が先にきて、動けなくなっている若者たちの悩みに、何度も立ち会ってきました。

そういう状態のわが子と本気で関わりたければ、まずは親自身が自分自身をしっかり見つめなおさなければなりません。親が自分自身のからだや心に現われている問題に手をつけると、子どもたちは放っておいても変化します。その過程では、わが子をそっとしておくことや、体当たりでぶつかることが起きるかもしれません。生きるか死ぬかといった事態さえ招きかねない場合もあるでしょう。しかし、それも必要があって起きてくることなのです。一見、親が子どもの問題に取り組んでいるようにも見えますが、じつは、子どもの力を借りて、親が自分の問題に向き合っているのです。子どもは、こうして親が成長していくために力を貸してくれるのです。これは親子だからできるのです。

相手に分かってもらいたい気持ちは、親子という関係の中では、少しでも分かってくれないと、すぐに相手を殺してしまいそうになるような憎しみさえ抱くことが起きてくることも覚悟するといいでしょう。愛憎は表裏一体の感情です。親を殺してしまいそうだから、それが怖くて引きこもっている子どももいるのです。親が常識を振り回すと、子どもが「おれが何もしないからって安心するなよ。いつお前を殺すか分からないんだから」といった激しい言葉をぶつけたり、そういう気を発するため、親のほうも「触らぬ神に祟りなし」で、わが子に対して一歩引いてしまいます。そうすると、子どもはますます人との関わり方が学べなくなってしまうのです。それが引きこもりというかたちで子どものからだに現われると、引きこもりが長期化してしまう原因にもなってしまうのです。

体当たりでぶつかるということは、親がなまのリアルな自分を子どもにぶつけるということです。自分の弱さをオープンにし、自分に正直になることで、リアルな感情と言葉がからだから出てきます。それは説教の言葉ではなく、相手に自分をさらけだしていく言葉です。相手の内面と接点をもつ言葉です。もちろん子どもは、子どもが言うことに妥協して親が変わるようなことを望んでいるわけではありません。親は、自分の心の傷を探しながら、自分自身に正直に向き合う練習を、子どもを通してさせてもらうのです。

親は、自分に正直になって、自分自身の心の傷に優しくなり、言いたいこと、やりたいことのかぎりをつくして、誠意をもって子どもに向き合っていけばいいのです。その結果、親子の間でしっかりした議論が成り立ち、親が、自分の心の中、頭の中のすべてを使って子どもに論破されたとき、それはすばらしい親子の出会いになりますし、と同時に親子共同の再生の道のスタートにもなります。

「分かった、分かった。お前の好きなようにしなさい」とすぐに言うのではなく、親が自分の知恵をすべて出し尽くして子どもにぶつかってこそ、子どももっている力を総動員して親に返してくるのです。親子ともども、へとへとになるまで徹底的にぶつかることが大事です。それをやろうとせず、もっと簡単に子どもを押さえつけるいい方法はないものかと親が右往左往するから、いつまでたっても子どもは肝心なほうに向かって動けないのです。

また、子どもと真剣に関わりあう一方で、親は自分自身の課題に取り組むことが必要です。何が課題で自分は子どもを産むという行為をしたのか、いま取り組むべき課題は何かということを親がきちんと整理できれば、変わらない親子はいないでしょう。親が自分の課題に取り組みはじめただけで、子どもにも確実に変化が起きるのです。

◆親離れ、子離れ

「いつまでも親のせいにするんじゃない」と子どもを責める親がいますが、いつまでも親のせいにしたい子どもなど一人もいないのです。できることなら少しでも早く自分のことに取り組みたい、天から授けられた自分の能力をこの世で存分に使いたいという気持ちを子どもたちは持っています。

親子は、因縁としか言いようのないほど深い関係のもとに、親子になったのです。このことを親子がお互いよく自覚すれば、さまざまなことに気づけるようになると思います。親が、わが子が親である自分の子どもになる覚悟を決めて生まれてきたことに気づかず、子どもも自分がそれだけの覚悟で生まれてきていることに気づいていないため、親は親、子は子になれないのです。

親離れ、子離れができないのは、親が親として生ききり、子が子として生ききるということをきちんとやりとげないところから起きてきます。親は自分のすべてを精一杯子どもに手渡そうとしているかどうかが大事です。それをせず、自分の都合のいいように子どもを操作したり、利用したりすることを繰り返すと、子どもは混乱して、親からもらうべきものは何か、自分の仕事は何かが分からなくなります。

「個」として立っていない親にとっては、自分の問題と、親から引き継いだ問題の境界があいまいです。そうなると、親離れ、子離れどころか、自分が生きていることさえ不安に思え、子どもに自分の面倒を見てもらわないと困るという状態になります。そのため、子どもを自分の思いどおりになるように育ててしまうのです。本来、自分の面倒は自分で見るものだということを、親は知らなければなりません。鮭でさえ、子どもに親の面倒を見させたりしません。それどころか、親鮭は自分の肉体のすべてを子どもに与えつくし、いのちをすべて使いつくして、次のいのちを育んでいます。親は、子どものために自分のいのちをどう使い切るかを、本気で考えればいいのです。

親離れをするにはどうしたらいいかは、子どもが考えることです。親離れというのは、「親の知恵をこれ以上借りなくても、自分は十分やっていける」と、子どもが判断することです。植物の種にたとえるなら、種の中の栄養を吸収して芽や根が成長していくわけですが、芽や根がある程度育てば、あとは太陽の光、水、空気、地中などから力をもらって自分で伸びていきます。親子の関係も同じです。芽や根が成長する過程で、種からすべての養分を取りつくすと、種の中はすかすかになってしまいます。そういうふうに取りつくしてこそ、丈夫な子どものいのちが育つことができ、次の子どものいのちにつながっていくのです。いのちの法則とはそういうものなのでしょう。

その法則に反して、親が自分の栄養のすべてをわが子に送り込もうとせず、いつまでも自分が生きようとするため、親のために子どもを利用するようなことも起きてしまい、子どもが親を乗り超えられなくなるのです。種芋が大きいまま残っていると、幼い時に養分を回してもらえなかった子芋は育たず、根も芽も小さいものしかつくれず、丈夫な芋を育てる親芋になれなくなってしまうのと同じです。親が自分の持っているすべてを子どもに渡しつくすことさえできれば、子どもは自然に親から離れていけるのです。

だからといって、立派なこと、完全なことだけを子どもに言う必要はありません。自分の心に正直になって、うまくいかないこと、できないことに対しても正直であることができれば、そこにユーモアが生まれ、親離れ、子離れが愉快にできることも、ごく自然に起きてくるのです。

親離れ、子離れは、関わりつくした親子の関係の中から起きてくるように思います。親子が関わりをもたないでいればいるほど逆効果で、離れられなくなってしまいます。関わりつくし、つきあいつくして、自分のすべてを渡しつくすなかで、親離れ、子離れが可能になり、自由になっていくように思います。親がわが子に対して最初から距離を取って、子どもが自分から動きはじめるのを待とうとしても、それはできません。親がわが子に関わるということは、子どもの誕生を認めるところからはじまります。それが感じられないと、子どもは不安になり、何か悪いことをして親を試さなければならなくなります。こんなことしても親として関わってくれるかと、いちいち確かめずにはいられなくなるのです。

子どもが親に関わってほしいと願い、期待し、要求する度合いは、自分が子どもだった頃よりも強くなっていることを知っておくといいでしょう。それは、「期待できるぞ」と子どもが感じられるような雰囲気が、この社会や親のなかに生まれてきているため、親からの愛を期待する心が、子どもたちのからだ全体にふくらんできているからです。分かりやすく言うと、自分の時のように、親に期待することを諦めていないのです。子離れとは、「もういい年なんだから、旅に出せ」「放っておけ」といったことではありません。親がわが子の存在を丸ごと受け止めることさえできれば、子どもは親のもとで必要なことをやり遂げたあと、飛び出していくのです。

◆いのちを育てる

引きこもったり、動けなくなったり、不登校になったりしている子どもは、「親自身が人生にとって大切なものは何か、本質的なものは何かをもっとしっかり見て、自分に正直に生きてほしい」と、親に訴えているように思えます。子どものそういう行為は、親自身の課題を親に突きつけることになるのですが、子ども自身はそういうことを意識していない場合がほとんどです。多少意識的に取り組んでいる子どももいますが、そういう子どもは、「ここまでやっても親は気づいてくれないのか」と、親に対して余計怒りを抱いてしまうことも起きています。

子どもは、本当に欲しいものが親から与えられないから動けない、それだけのことなのです。子どもがいちばん欲しいものは、子どものいのちが伸びていく方向に光を当て、適度な水分を与えてくれることです。子どものいのちは、土の中にある根のほうに光を当てたり、土を乾かしてしまってはいけないのです。子どものいのちは、社会の枠からはみ出す方向に伸びていこうとするそういうとき、現代社会の枠そのものについて、親として検討してみる必要があります。大抵の枠は、とらわれる必要のない、壊すべきものである場合が多いのです。

子どもたちは、根がしっかりするまで、あるいは自力で根を張っていけるところまでは、親に見届けて欲しいと思っています。全部手助けする必要はありませんが、根には水を、葉にはほんの少し光を当ててくれることを、子どもたちは望んでいるのです。

自然農を実践している川口由一《かわぐちよしかず》さんの場合を考えてみたいと思います。川口さんは昭和十四年、奈良県桜井市の巻向の農家の長男として生まれました。川口さんが十二歳のときにお父さんが亡くなります。それからは川口さんがお母さんと一緒に農業にたずさわる日々を送ることになりました。

川口さんは、近代科学農法を取り入れ、近辺では反当たりで一番の収量を上げていたのですが、農薬を大量に使用したためにすっかりからだを壊してしまいました。父親から受け継いだ農法を考え直すチャンスが彼に訪れます。彼は、父の農法や、当時流布していた農法を見つめ直す必要性を感じました。なにしろ自分のいのちそのものが危険にさらされたわけですから、自分が生きられる方法として、自然農にたどりついていくのです。

ところが彼が自然農をやろうとした時、彼の母親が、息子が田を草だらけにしていることが恥ずかしくて、自分が村の中で生きられないような気になり、十年間も外に出られなくなってしまいました。お米が十分収穫できるようになっても、母親は「恥ずかしいから止めてくれ」と強硬に反対します。そういうやりとりが十年続くのですが、川口さんは妥協しませんでした。母親は、自分が村の中で生き続けるために息子に反対し続けるのですが、いくら反対しても自然農を止めようとしない息子に対して、母親が「もう分かった。息子がすることを認めてやろう」と妥協すると、嘘になります。母親は村の人とまったく同じことをして生きてきた人だったからこそ、息子のやり方を見て、「自分はもう村の中で生きていけない」と思ったのです。

川口さんは、「自然農をやっているだけなら、自分がまわりからきちがいあつかいされ、おかしな人間だと言われるくらいですんだでしょう。でも、母親がいのちがけで反対し続けるから、自然農よりも母親との関係のほうが大変でした。それでもぼくの人生だから、自分が納得できる方法でやってきました」とおっしゃっています。母親に反対されるからこそ、彼は自分の言動と実践を自分自身に繰り返し問い、厳しく見つめ、母親のいのちと対峙するチャンスを得たのです。

彼は近代科学農法に壊された自分のいのちを自分で守るため、独学で漢方の勉強をはじめ、次第に優れた成果を上げるようになるのですが、現在の医療のシステムのなかでは、医者としては通用しません。たとえ漢方といえども、西洋医学の国家試験に合格した医者でなければ、漢方医学として認められないのです。でも、そういう父親を見て育った娘さんが、医者を目指して勉強しています。父親が生きられなかった道を、娘が生きようとしているのです。

川口さんのように自分の人生を生きている親は、自分が歩んできた体験から紡ぎだされる言葉で子どもの魂をゆさぶります。いのちを育てることを親の第一の仕事と感じている川口さんは、自分の子どものいのちを、医者にかかることなく、自分で育てることを大切にしてきました。子どもを育てることは、小手先のことではなく、全身全霊をかけた、これ以上大切なものはない仕事なのだということを、川口さんを通して、私はあらためて気づかされました。

◆どんな苦しみにも無駄はない

川口さんの場合、決して理解のある母親ではなかったのに、どうして自分の意志を貫き通せたのでしょうか。彼が十二歳で父親を失ったときに、「人の命は短い。いつ死ぬか分からない。やりたいことをやらないと、やらないまま終わってしまうこともある」といった危機感を学んだからではないかと私は思います。ある意味では、それを息子に教えるために、偶然ではなく父の死があったのかもしれないと思えるほどのタイミングです。父親が早く亡くなったことをきっかけとして、彼は母親が何を言っても頑として聞かないで、自分が本当にやりたい仕事に没頭できるようになったのかもしれないのです。

一人ひとりの人生をたどっていくワークに立ち会っていると、一見不幸に見えることも、みな

「天のはからい」のように思えることがしばしばあります。その人の人生の中で起きるすべてのことは、その人自身が深く生きていくきっかけとして起きているように思えてならないのです。それなのに、「大変なことが起きた」「余計なことが起きた」というふうにとらえてしまうと、そこに起きていることの本当のメッセージを読み取ることができなくなります。これは無意識のからだ、スピリチュアルな魂のレベルのことですから、人は意識の働きだけで動いていると思っている人にとっては、分かりにくいかもしれません。

たとえば子どもが何らかの問題を起こすとしましょう。それはその行動が意味のある結果をうみだす可能性のある親の子どもだからこそ、あえてそういうことをしていると考えることもできます。ずっといい子として生きてきた親たちが、そんなわが子の姿を見て、「もしかしたらこの子は本当は生きていないのかもしれない」と思えるようになってくると、もっと大きな変化が起こって、社会全体が一気に目覚めていくような動きが起きてくるように思えます。西暦二〇〇〇年というのは、その大きな変化の一つの節目になるのではないでしょうか。

苦しみながらも、何とか自分を創り出そうとしているたくさんの人に立ち会い、一方で自分自身を見つめていると、どんな苦しみにも偶然も無駄も一つもないように思えます。苦しみの根本にあるメッセージが読み取れないからだのままでいるから、無駄に感じられるのです。でも、その積み重ねがあれば、人のからだというものは本来少しずつ目覚めていくようになっている、覚醒するしかないようになっているという確信が私の中に生まれているのはどうしてなのでしょうか。時代は人間の意識変革を加速させ、すごいところに来ているように思います。

第6章　無条件の愛——あるがままの子どもを受け入れる

◆子どもと暮らす面白さ

この日本には、子どもと暮らしていることが面白くてたまらないと感じている親がどのくらいいるでしょうか。子どもと無理してつきあっている、うっとうしく感じている親が多いのはどうしてでしょう。他人であれば自分と距離をとることもでき、おだやかな心でいられますが、わが子となると見過ごすわけにはいかなかったり、外ではいい顔をしていられるのに、子どもの顔を見ると、自分の中のものがいちいち引っかかって噴き出すようなことが起きてきます。

たとえば、わが子がしていることを何でも正そうとしたり、注意しようとしたり、そんなことをされると自分が親として世間の人からどう評価されるか分からない、と他人の目を気にしたり、こんなことではこの子は社会で生きていけないのではないかなどと心配することで心が忙しく、さまざまな葛藤が生じてきます。そのうえ、夫婦のありようさえ問われるように感じたりもするのです。

子どもに余計な働きかけをしないで、子どもに何が本当に必要なのかを見きわめることがいちばん大事です。ひたすら子どもをしっかりと見て、感じていなければ、それはできません。見るという行為には、自分自身が映し出され、自分自身が問われます。見ていて自然とからだが動き、言葉にしたくなれば、声を出すでしょう。そういうとき、自分の投げかけた一言が、子どもの中にどう入っていき、どういう反応を起こして、どういうかたちで自分に返ってきているのかを見ずに、子どもとはつきあえません。

ところがいつも一緒に生活していると、親子の境界線を引けない人は、子どもは親の思うとおりに動いてくれて当たり前と思いやすいのです。とくに夫が理解してくれず、子育てにおいて夫婦の協力関係がとれない場合、母親は「たとえ夫が分からなくても、わが子だけは母である自分のことを分かってくれるはず」と、無意識に子どもをパートナーのように思い込んだり、期待したりしてしまうのです。

そうなると、多くの子どもは、母親の期待に無意識のうちに懸命に応えようとします。だからこそ、夫とは口もきかなくなった妻が、わが子には悩みをたくさん話すのです。親の悩みを聞けば聞くほど、子どもは親に取り込まれていきます。とくに母親の涙やため息は、子どもを自分の味方につけ、理解者にしたてていく上で、たいへんな支配力を持っています。

お腹の中から始まる母と子の運命的な出会いは、ことばを超えた関係です。「そんな話は聞きたくない」と言える子どもは親との関係において自由がありますが、親が困っていればいるほど、自分のことよりも、親の気持ちを聞くことこそが自分の仕事と思い込んでしまうという子どもにとっては、両親がうまくいっていないと、自分自身の本当の心になかなか集中できません。母親と自分のあいだに距離がおけないため、母親の苦しみがそのまま自分の苦しみになってしまい、心を親に占領されてしまいます。

親は自分が子どもを産んだ以上、最後まで親子は親子です。運命、つまり大きな力によって運ばれていくいのちの時空をともにしながら、そのことに取り組む覚悟を決めて、子どもを産んだはずです。そういうふうに物事をとらえていくと、自分で取り組む自覚が生まれてきます。親はわが子から、わが子がいなければもらえない、たくさんの気づきをもらえるのです。一緒に暮らし、親の心に葛藤を起こすことで、親が人間として成熟していくのを子どもたちが手伝ってくれるのです。

今までの大人たち、親たちがそういった取り組みをしてこなかったため、そういう見方をするのが難しくなっています。自分の親が取り組んできていれば、子どもはそれをベースにして、自分の道を見つけていきやすくなるのです。

学級崩壊だけではなく、登校拒否、引きこもり、いじめ、暴力、神戸のA少年の事件などの問題の根っこは同じです。それなのに、事件が起きるたび、特別な子どもがそういう事件を起こしたということにしてしまいたがる親たち、マスコミ、世間の風潮の何と根強いことでしょう。ワンパターンで自分の言葉を持たない、自分の心の中にうずまいている憎悪から目をそらすおろかさがどこから来るのか見ようとしない人たちに、振り回されてはなりません。こういう状況にうんざりしているのは、私だけではないでしょう。

かつて私が教えた子どもの母親の中に、「赤ちゃんは何人いても楽しい」と言う母親がいました。当時、教え子は一年生でしたが、その下に四人のきょうだいがいました。それでもその母親は、コインロッカーに赤ちゃんが捨ててあったと聞くと、「私にくれれば育てたのに」と思うような人でした。ところが、教え子が五年生になった時、その子の妹の担任になった私は、再び家庭訪問することになりました。すると、その母親は、「子どもなんかいらない」と言い切るほど、変わってしまっていたのです。

彼女は子どもを産むということを自覚的にとらえられず、「赤ちゃんはかわいい」という理由だけで産んでいたのでしょう。子どもは小さいうちは母親を絶対的に頼りにします。絶対的に頼りにされることが、自分を必要としてくれることになり、それが無上の喜びになっている間は自分の存在価値が出てきますが、子どもがいったん自分の手に負えないことをするようになると、うっとうしい存在に変わるのです。

子どもの頃、親から愛されなかった人の中には、子どもが無条件で自分を必要としてくれることで、子どもの頃の寂しさを埋めている人もいるのです。これでは子どもの側から見ると自分を一方的に利用しているだけで、あまりに身勝手です。親がこうなってしまうのは、親自身がかかえている問題に取り組めていないからです。

子どもを育てることで自分の寂しさを埋めようとしたり、子どもが自分を一〇〇パーセント信じて頼ってくれることで自信をもとうとしたりというふうに、無自覚に子どもを利用していることに気づかねばならない時代を迎えたようです。うっかり子どもを産んだら大変なことになると、自分の力を確認し、子どもを産むことに対して慎重になっている人たちは、ただ産むという動物としての人間から、人間としてのわが子を育てようとする人間へと、ある意味では非常にまともになってきたように思います。

私は教師をしていたとき、本当にうんざりするような親たちをたくさん見てきました。自分が責任を負うことから逃げるために、他人や教師、子ども、行政までも利用しようとする親たちが多いのには本当に驚かされました。夫婦で協力しあって、わが子が精神の自由を確立し、その子らしい力を発揮していけるような家庭を創造していくことに取り組んでいる親がいったいどのくらいいたのだろうかと、今でも首をかしげることがしばしばあります。

子どもはさまざまな形で親に利用され、親のプライドを傷つけないよう、親の誇りになるよう脅迫され、そうなれなければ親からひどいことを言われたりもします。あるいは放任され、見捨てられ、子どもが学校を休んでいることさえ知らない親が、人の世話はよくしていたりすることもあります。自分の子育ての方法に責任を持とうとしない親たちによって、子どもたちはつねに評価され、責任を追求されているのです。親がそうなるのは、おそらく親自身も同じようにして育てられてきた歴史があったからでしょう。しかし、そこへ逃げ込んでしまっては事態はまったく進展しません。

◆親の人生をふりかえる

わが子のからだにどんな問題が刻み込まれているか考えるとき、親である自分の歴史をたどってみるのがいちばん参考になります。ここで北村さん夫妻に登場してもらって、その歴史をふりかえってみましょう。

北村さん夫妻は愛し合って結婚しました。が、結婚前、夫の由成《よしなり》さんは、陽子さんのことをなかなか母親にうちあけられませんでした。なぜでしょう。それをワークで再現してみたときのことです。由成さんは、陽子さんとつきあっているということを、できるだけさりげなく、母親に話しました。その瞬間、母親が泣き崩れました。息子を取られたという思いがわいたのです。すると彼は、そんな母親をなだめるため、「つきあっている人とちょっと会ってくるだけだから、安心しろよ」と、あいまいな表現をしたのです。由成さんは、自分が母親の機嫌をそこねないよう、いかに心を配って生きてきたかということに無自覚でした。

結婚して初めての子どもが愛子さんです。北村さん夫妻は、夫の母親と同居していました。姑は、愛子さんが泣くと、すぐに「由成が子どものときはこんなことはなかった」と言い、おねしょをすると「しつけがなっていない」と陽子さんを責めるのです。そのため、陽子さんもついかっとなって、「あなたがちゃんとできないから、お母さんがひどいことを言われるのよ」と、愛子さんを何度も叩いてしまいます。

二人目の子どもの太郎くんも、陽子さんの思うとおりには育ちませんでした。「生まれたときはかわいい」と、彼女はいつも口にします。それは彼女が、絶対的に自分を必要としてくれる存在が現われたときだけ、自分の存在価値が出てくると感じるからだや心を持っているからですが、太郎くんのときも、愛子さんのときと同じようなことを姑から言われました。

愛子さんは、母親からさんざん叩かれて育ちましたから、下のきょうだいの面倒をよく見るいいお姉さんとしてふるまい、甘えたい気持ちを自分の中に封印してしまいました。彼女は、自分が生きる道を探すため、ドイツにあるシュタイナー学校の一つ、ユーゲントトゼミナールという学校に入学しました。入学後、二カ月目までは「お母さんありがとう。こんなに学びのチャンスを与えてくれて、本当に感謝しています」という手紙が親に送られてきていました。ところが三カ月目になると「私は死にたい」という手紙が来るようになり、四カ月目に入ると動けなくなって、寝たきりになってしまったのです。

血圧も極端に低くなって、「もう死んでしまいたい」と訴える愛子さんに、陽子さんは慌てて「今からドイツに行くから」と、いてもたってもいられない気持ちを伝えました。ところがそのとたん、愛子さんは「来ないで。お母さんが来ると、またいい子をやるだけだから」と拒んだのです。愛子さんの血圧は、とうとう最高血圧が四〇くらいまで下がりました。普通なら生きていられないような低さです。そして全身が痛みはじめました。それは小さい頃、お母さんに叩かれ続けた痛みでした。その痛みをからだが記憶していたのです。何日も、痛くて痛くてトイレにも行けない状態になってしまいました。

どうして今頃になって、愛子さんのからだにその痛みが出てきたのでしょうか。じつは愛子さんには、その学校で恋人ができていたのです。彼は彼女を限りなく愛し、受け止めてくれる人でした。自分をこの上なく愛してくれる男性が現われたとたん、彼女は自分が小さい頃受けた痛みを出してもいいというサインを、自分のからだに出したのです。

人は、自分を丸ごと受け止めてくれるかもしれないと思える人に出会うと、それを出しても受け止めてくれることを相手に期待するのです。するとその瞬間、それまで隠していたかつての傷を噴き出させるのです。この期待がまったくないところではその痛みは出てきませんし、むしろなにくそと思う根性になっていったり、負けるものかというかたちの生きる力になっていったり、やられたらやりかえす心になっていったりして、がんばって生きる一見強い人間になったように見える行動をします。競争社会のなかでは、そういう心がうまく通用します。

ところが、そういう生き方では、自分の心の柔らかさを自然に出して、自分らしく自然に生きられないと、からだが感じはじめたのです。しかし、柔らかさ、ひ弱さを持ったまま生きていく人が、この社会の中でまだまだ少ないために、なかなかそういう自分を認められず、自分がひ弱でだめなように思えてしまうことも起きてくるのです。そして別の生き方をめざしはしても、なかなか生きる道が見つからず、動けなくなっていくのです。そういう意味で、前述の岩淵丈太郎くんは、「情けないこの自分が好き」と表現できるところまで自分を育てたのですからすごいものです。

学級崩壊、不登校、引きこもり、過食・拒食、鬱病といった行為は、どこか受け止めてほしいという期待が心の奥深くにあるからこそ起きるように思えます。親に期待しているからこそ、子どもはなんとかこのつらさを受け止めてほしいという気持ちを、親にぶつけていくのです。それはつきつめていくと、「私が生まれてきたことを喜んでほしい」「私が存在することに条件をつけないで」というメッセージのような気がします。

◆家庭崩壊

北村さんの家族のうち、太郎くん、愛子さん以外の子どもたちが、「学級大崩壊」の合宿に両親と一緒に参加しました。北村さん夫妻には五人の子どもがいます。陽子さんは、どの子も同じように育ててきたつもりでした。ところが、実際は、長男の太郎くん、長女の愛子さん、次女の薫さんにだけ厳しかったことが分かってきました。陽子さんの頼りになるのは、夫の代わりに自分の悩みを聞いてくれる次男の勇喜くんと、末っ子の夢子さんだけです。子どもたちは親を信じられなくなり、夫婦もお互いを信じられない状態で、家庭崩壊が起きていたのです。このままでは、夫婦が一緒にやっていけないようなところまで、この家族はきていました。

母親の陽子さんを中心に、家庭の風景が再現されました。父親の由成さんは仕事ばかりして、家庭のことは陽子さんに任せきりにしていました。仕事を理由に家庭をかえりみない夫に、「家事や子育ては本当に大変で、どれだけやっても終わらないの」と陽子さんが訴えました。由成さんにしてみれば、自分は自分の父親よりもはるかに子育てや台所や家の仕事をする夫だという自負がありました。そんな状態で、どうして陽子さんは子どもを五人も産んだのでしょう。

「生まれたときはかわいかった。でも生まれてみたら思いどおりにならないことが多くて、どうしたらいいか分からなくなって、子どもを怒ってしまうんです」と陽子さん。彼女は、子どもに対してすまないことをしたと自分でも思っているのです。「夫が働いてくれるのはありがたいけれど、寂しい」と言う陽子さんに続いて、次男の勇喜くんが「お父さんはいつも頭で考えてばかりいる」と言いました。彼がお父さんに本当にしてほしいことは、そのままの自分を表現してほしい、ということでした。

三番目に生まれた勇喜くんは、上の二人が母親から怒られる様子を見て、自覚もないまま上手にたちまわって、母親にとってのいい子をごく当たり前に演じるようになりました。勇喜くんは、学校での自分は、教師たちを思いどおりに動かすAランクの生徒だということを初めて両親の前でうちあけました。その事実は、母親の陽子さんでさえまったく気づいていませんでしたから、その驚きはすぐには受け止められないほどのものでした。陽子さんは、「えっ」と驚いたものの、さりげなくふるまいました。陽子さんは、勇喜くんのことを、とても信頼できて、何でも話せて、頼りになる息子だとばかり思っていました。夫に話しても何も反応が返ってこないため、何でも勇喜くんに聞いてもらっていたのです。

勇喜くんは、そんな自分のことを、「自分は内と外で分裂していた」と私たちに語りました。学校にいるときは、家でいい子を演じている自分が本当の自分のように思えてくるし、家でいい子を演じているときは、学校で暴れている自分が本当の自分ではないかと思えてくるため、自分が信じられなくなっていたのです。

それにしても、母親の陽子さんには、なぜ子どもの心が見えなかったのでしょう。そこで、陽子さんの過去に遡ることにしました。陽子さんは、小さいころからとてもいい子でした。借金ばかりつくって、母親に暴力をふるう父親に代わって、一生懸命働いて子どもを育ててくれている優しい母親を、何とかして幸せにしてあげたいと思いつづけてきたのです。「とにかくお母さんの喜ぶ顔が見たかった」と陽子さんが言うのを聞いていた勇喜くんに、お母さんにいちばん言いたいことは何なのか、聞いてみました。

「ぼくもお母さんと同じです。小さい頃から、お母さんがいつも心配そうな、不安そうな顔をしていることが気がかりでした。そんな顔をする理由を分かってあげたくて、相談にのっていたんです」と言うではありませんか。「そういう自分をどう思いますか」という私の問いに、勇喜くんは、長い沈黙の後、「哀れだと思う」と応えたのです。

陽子さんの子どもへの接し方は、次女の薫さんと三女の夢子さんでも差がありました。薫さんは、夢子さんが生まれると、それまでほどかわいがられなくなりました。薫さんは、「お母さんに喜んでほしかったけど、それ以前に、わざとお母さんが困ることをしてでも、かまってほしかった」と言い、夢子さんは、いい子を演じることで、「母親の喜ぶ顔が見たかった」と言いました。

薫さんの言葉を聞いて、陽子さんは自分が娘に対してしてきたことにはじめて気づきました。母親に対していい子を演じてきた陽子さんは、いい子でいてくれるわが子を受け入れることはできても、言うことを聞いてくれない太郎くん、愛子さん、薫さんに対しては、冷たく当たっていたのです。陽子さんの心の中では、母親である自分の気持ちに応えてくれないわが子を見ると、「どうしてお母さんの気持ちを分かってくれないの」という怒りがわいていたのでした。

陽子さんは、無理して母親の期待に応えていたのです。本当は甘えたかったのに、忙しそうな母親の様子を見ていたらとても甘えられなくなり、我慢してその心を自分の中に閉じ込めてきたのです。そんな自分と同じように、親に気をつかって生きてきたわが子の気持ちを陽子さんが分からなかったのは、陽子さんの中に、親に対する無念の思いや怒りが表現されないまま、いまだに残っているからです。

◆あるがままの子どもを受け入れる

最近、あるがままの自分を親に受け止められた子どもはどうなるかということが、本で紹介されるようになりました。乙武《おとたけ》洋匡《ひろただ》くんの『五体不満足』（講談社）や重度の脳障害を負った日木《ひき》流奈《るな》くんの『はじめてのことば』（大和出版）です。

乙武くんのお母さんは、両手、両足のないわが子をはじめて見たとき、「なんて可愛いんだろう」と思ったそうです。そのままの存在が歓迎されるとどんなに生きる元気が出るかということを、彼らは見事に表現しています。彼らが口を揃えて言っているのは「障害は不便ではあっても、不幸ではない」ということです。子どもが親に無条件で受け入れられることがどれほど大切か分からない親が多いから、彼らが本という形で表現してくれたのでしょう。乙武くんや日木くんの本がベストセラーになって、すべての家に一冊あるようになれば、世のなかも変わっていくだろうと心から思います。

生まれてくることを全面的に親に認められて生まれた子どもは、障害のあるなしにかかわらず、本当に元気に生きています。それに比べて、「男がよかったのに女が生まれた」と言われたり、「お母さんの言うことを聞くいい子だったら愛してあげる」という条件を付けられたりした子どもたちは、それが大きな心の傷になり、元気を奪われ、鬱病などの精神的な病いさえ引き起こしてしまいます。

「前の子どもが死ななかったら、あなたは産まなかったのに」「あなたの前におろした子どもは男だったのに、あなたは女でしょう。お兄ちゃんを産んでおけばよかった」と言われた子どもがどれだけ傷つくか、想像できますか。そういうひどい言葉を、ひどい言葉とも思わず、わが子に言う親が現実にいるのです。その親がひどい言葉と思わないのは、もっとひどいことを親から言われ、自分の存在をそのまま受け入れてもらえなかったからです。

親にそんなことを言われた人たちがやがて思春期を迎え、三〇、四〇、五〇、六〇歳をすぎて、自分のからだの中に生きる元気がわいてこなかったり、原因不明の鬱病になっていったりするのは当然なのです。存在がそのままで受け入れられないということは、そのくらい子どもにとって大事件なのです。その逆に、そのままを受け入れられるということは、その子どもが将来どれほどの力を発揮する子どもになるか、はかりしれないものがあるということです。

わが子が生まれてくることに対して、そのままを受け入れられない、ありがたく思えない、手を合わせる気持ちがわいてこないという人は、いまは記憶にのぼってこないけれども、自分自身も親から受け入れてもらえない深い心の傷を受けており、そのために自分は親として成熟できないのではないかと疑ってみるのもいいでしょう。「勉強ができたら認めてあげる」という条件を付けられては、子どもが本来持っている力を発揮できるはずはないのです。

◆子どもの中の破壊衝動

子どもを育てるときには、将来を見通すことが大切です。そのときどきの社会状況に振り回されていては、とても未来のある子どもに対して責任を持つ社会をつくることはできません。二十一世紀、二十二世紀はどうなるか、私たちは本当はどうしたいのか、そしてどうなったほうが子どもの本当の幸福につながるかを考えなければなりません。その問いを自分のいのちの道に照らし合わせてみなければ、目先の利益に惑わされてしまいます。子どもを有名大学に進学させて自慢するために育てているような人の気持ちは、子どもの未来にどう責任を持つかについて考えている人には想像もできないでしょう。

多くの人は、そういう心が自分をも未来の子どもをも滅ぼしてしまうことを知っているはずです。お金をもうけることを優先している社会だから、自然破壊が起きるのです。携帯電話がいい例です。最近、日本中どこへ行っても、山や田畑にたくさんの鉄塔が立ち並ぶ光景を目にするようになりました。日本中の山に、電波を送受信するための鉄塔が立ち並んでいるのではないかと思えるほどの勢いです。私も携帯電話をよく使っていましたが、各地でその光景を見るようになって、携帯電話はやめなければいけないと思うようになり、ほとんど使わなくなりました。

鉄塔が立っている山を見て、子どもの心はどうなるでしょう。考えてみてください。「秋の夕日に照る山紅葉」と歌うとき、子どもたちがイメージする山は鉄塔だらけなのです。鉄塔から出る電磁波がどんな害をからだに及ぼすのかはっきりとは知らされないまま、山、田、村、町は、急速に鉄塔に侵略されていっているのです。

すさまじい勢いで鉄塔が増えていますが、きっとそれを上回る勢いで、子どもの心は壊れていっているでしょう。破壊された自然を見て、子どもが元気になることは絶対にありません。破壊された自然を生んだのは、破壊された大人や親の心です。そういう人に育てられている子どもは、親や大人、社会のまねをして壊れ、外の世界を壊していくのです。どんな事件が起きても当たり前で、子どもたちはもう驚かないのではないでしょうか。

愛しあっていない夫婦を見て育てば、愛しあう虚しさを学ぶでしょう。親が嘘ばかりついていれば、子どもはそれを写し取ってしまいます。何が本当に大事なのか分からない親を見て育つと、子どもまで同じようになってしまうかもしれません。そうすると、生きることが虚しく、一日一日の生活が刹那的になるしかなくなります。先の見通しがないのですから、浅い次元で今が楽しければそれでいいと、破滅的、破壊的になってしまいます。子どもたちは、それを私たち大人に見えるようなかたちでやってくれているのです。

最近、キレる子どもが増えたといわれています。潜在的な破壊衝動が顕在化し、暴力的な行為が、ごく一部の子どもだけではなく、いわゆるいい子の間にも広がってきています。確かにイラだつ子どもが増え、人の話にじっくり耳を傾ける余裕のある子どもは減ってきているように思います。

多くの子どもたちの間に広がっているいらいらの原因は、いったいどこにあるのでしょう。

一日中教室で勉強して、たくさんのことを覚え、テストでいい点をとっても、それで本当に自分自身を生きていくことができるのかという疑問を、子どもたちはからだで強く感じるようになったのではないでしょうか。仕事と自然破壊が切り離せないような大人のつくった社会のシステム、経済のシステムは、親や大人たちの生き方を見ている子どもの目には、壊れようのないシステムとして写っているのではないでしょうか。子どもたちは、「勉強なんかして何になるんだ。サラリーマンになったって、とても幸せになれるとは思えないよ」と、自分のいのちを保障しないような仕事をしている大人社会に対して、いきづまりを感じているように思います。

また、子どもたちの破壊衝動が強くなってきたのは、自分が自分として生きていくことを阻害するもの、つまり本当に破壊すべきものを大人たちが破壊していないことにも原因があります。学校で一日じゅう席についていることも含めて、子どもたちに「本当にそれで大丈夫だ」と言える大人がはたしているでしょうか。学校で教えている教師自身が、こんなことを学んで何になるのだろうと思いながら子どもたちに教えていることもたくさんあるのです。子どもたちが本当に生きる力になるようなことに真剣に取り組まなければ、教師も元気は出ないのです。こう考えると、人間は、自分が心からやりたいことが相手のいのちの役に立つことを喜びとする存在のように思えてきます。教師にしても、ただ決められたことをしているだけでは自分を生きていることにはならず、したがって元気が出ないのは当たり前なのです。

◆なぜ自信が持てないのか

子どもの頃に自分の内側からわいてきたことを自力でやりとげる経験ができなかった人は、何をやっても自分に自信が持てなくなります。その反対に、どんなことでもとにかく自分で最後までやってみることを保障された人の多くは、たとえそれで失敗してもめげたりしません。新しい気づき、発見のチャンスをもたらしてくれるということを、からだで知っているからです。失敗することで深く学べる醍醐味を小さい頃からたくさん体験しているからだにとって、「失敗」はありません。そこで起きてくるのは、自分が納得するまでやりとげたいという心が、からだを突き動かすことだけです。そこへ大人が土足で踏み込み、余計な手出しをすると、ほとんどの場合、出来上がったものは子どもにとって自分のものではなくなります。

そうはいっても、自分でやりとげなかったからといって、すべてがかならず自信をなくすことにつながるわけではありません。雑誌「ひと」(太郎次郎社)の仕事で、「原爆の図」を描いた丸木俊さんにインタヴューした時のことです。本当は自分が描きあげたものではない絵を学校に持っていったところ、「これは俊さんではなく、お父さんが描いたんでしょう」と、いつも競っていた友だちから言われたことがある、と丸木さんがおっしゃいました。丸木さんは、悔しくて「私が描いたんだよ」と開き直り、それを証明するために画家になったようなものだ、と言うのです。

丸木さんによると、墨の感じがどうしてもうまくいかなくて、住職だったお父さんに手伝ってもらったところ、とてもきれいに描けたそうなのです。この場合は、親が一方的に先回りしたわけではなく、どんなに工夫しても描けなかったという積極的な苦悩がまず丸木さんの中に先にあったのです。海に日の光が当たっている様子を何とか表現しようとしていた丸木さんに、父親がじつに見事に描いてみせたのです。

この瞬間、父親の持っている技術が、丸木俊さんに手渡されたのです。その感動は、並大抵ではなかったでしょう。そういう技術も含めて、この瞬間、父親に対する深い尊敬の念が彼女の中にわいてきたように私は感じました。丸木さんがお父さんに手伝ってもらった絵を学校に提出したのは、自分も父親のようになりたいという情熱と希望があったからでしょう。そういう手伝い方と、自分でやりたいと思っている子どもの手伝いを一方的に親がしてしまうのとは、まったく違います。片づけることひとつとっても、自分に片づける意志がない時に親が片づけても子どもは気にしませんが、片づけようとしていたのに、勝手に片づけられてしまい、その上、親から「また片づけていなかった」と怒られると、「片づけようと思ってたのに、先に片づけられた」と言うしかなくなります。

人間には、自分なりに完成したいという欲求が、そのいのちの中にもともとあるのではないでしょうか。人から見たらたいしたことではなくても、たとえ下手と言われてもいいから、とにかく自分で最後までやりとげたいと思う心があるように思えてなりません。そしてその結果の出来不出来に関わらず、やりとげたということ自体が、自分のからだの快感になるということが起きてきます。そして、それをたとえ口に出して言わなくても、親がそっくりそのまま承認してくれると、子どもはごく自然に自分を丸ごと信じることができるのです。

第7章　子どもの痛みに気づく

◆子どもからのメッセージ

子どもを本当に愛するというのは、「じゃあ、これからはお前を愛するわ」と、簡単に言えるようなことではありません。心からお前が私の子どもでよかったと思っていなければ、子どもは到底納得しないような鋭い感覚を持っています。いいかげんなところで、言葉だけで謝ったりしようものなら、「ポーズならやめて。気持ち悪い」「そんなことではだまされない」と、かえって子どもに強く拒否され、警戒されることになっていくのです。

他人だったら気にしないようなことでも、親子の場合、敏感に感じとって、悩んだりします。それは、子どもが自分の親のもとに生まれるときに覚悟したことに取り組んでいるからこそ起きることのように思えてなりません。肉体ではなく魂のほうが、いのちの道を見つけているように感じ取れるのです。親が、自らの力だけでは取り組めなくなっているいのちの課題に向かって行くように、子どもが取り組ませているように見えてきます。

わが子が引きこもっていることをただ「困ったな」と思うような親が、子どもからのメッセージを受け止めることができるようになっていくのは大変なことですが、それでも少しずつ変化していきます。親に気づきが起き、わずか二、三年の間に大きく変化する親もたくさんいるのは驚くばかりです。

子どもは自分のメッセージを受け止められない親のとまどいを、本当に敏感に察します。親をとまどわせ、苦しめなければならないほどせっぱつまった子どものメッセージを、親が自分に対するメッセージとして感じとることができるようになれば、子どもも生きやすくなり、親が自分自身を生きていけるように変わっていくことがこの上なく愉快で楽しいものに感じられるようになっていくのです。

◆子どもが元気になるとき

親が本当に自分自身の人生を送っていなければ、子どもはさまざまな問題を起こします。それは親に感じ取れるものもあれば、はっきりと表現されていないために見えないこともあります。そういう親のもとでは、子どもは自分のことに取り組むより、まず親の問題に取り組むことが自分の仕事になるのです。子どもが引きこもったり、病気になったりした場合、子ども自身の苦しさより、「この子が病気になったせいでやりたいことができなくなった」「親のしたい事を子どもが邪魔する」といった見方をされる場合が多いようです。親の邪魔をする子はいけない子で、協力してくれる子がいい子だという見方が、親の中にはあるのです。

まして、引きこもった子どもに対しては、「ここまで育ててやったのに、いい年をして何をやっているの。働きに行って、自分で稼ぎなさい」という感情のほうが強くて、子どもの苦しさを感じるどころではなくなっています。自分の期待通りに子どもが動いてくれないことで、親は苦しくなっているのです。このように、親の心が子どもから離れてしまうと、子どもはますます引きこもらずにはいられなくなるのです。

最初に親が子どもの苦しみを苦しく感じるのではなく、子どもが親を困らせる存在になっていくことだけが怒りとして際立ってしまうため、自分を深く見つめ、感じ取ることができにくくなってしまうのです。自分がしてきたこと、子どもに対して感じていることの原因を自分自身に問おうとしない親のからだがよりいっそう露出してくるので、子どもたちは親が自分を受け入れてくれないのではないかと、絶望的になっていくのです。

子どもは、自分の苦しさを親にも感じてほしくて、そうせざるをえないのです。もっと正確に言うと、子どもは、親の苦しみを自分の苦しみとして露出してくれているというふうに見たほうがいいのかもしれません。子どもの行動だけを見て、優劣、善悪の評価をするのは危険です。それぞれのからだが何かを体験するために、おのおの別々の行動をしているということを知る必要があります。しかもそれは固定していないのです。すべてのからだは変化しつづける流れのなかにあるのです。

子どもとは何でしょうか。それは、親のいのちを引き継いでいく存在です。子どもが元気になる時というのは、親が実現できなかったことに向かって歩きだすということが、希望として子どものからだのなかにはっきり現われてきた時です。いのちが引き継がれていくからだは、親と同じくらい、あるいは親を超えることができない自分になってしまったら元気は出てこないようにできているのではないかと思われます。

子どもは、親と同じくらいの人生ならこの世に生まれる意味がないと思っているように感じられるほど、親の生き方に深い関心をもっています。しかも、親とまったく同じでは、子どもは自分の生きていることが確認できないということになっているのでしょうか。同じところにとどまらずに、つねに変化しつづけていく人類というものを考えるとき、親を超えられず、元気をなくして、つぶれていく子どもたちの姿を見ていると、そういう仮説をたててみたくなります。

さらに深く考えると、親が選ばなかったような情けない生き方、弱い生き方の中にこそ、じつは二十一世紀を生きる人間のからだが向かおうとしている方向が内包されているように思えるのです。一つの価値観ではなく、善と悪、強と弱、白と黒、陰と陽のバランスの上に生き方を打ち立てていかなければ、人類はいままで以上に豊かにいきいきと生きる社会をつくることはできないということを、からだが感じているように思えるのです。親は、「こうあるべき」と一方的に子どもに押しつけるのではなく、自分自身や子どものいのちそのものの声に、気持ちに、じっくり耳を傾けなければならない時を迎えたのでしょう。

子どものいのちがどこに向かおうとしているのか感じたいなら、親自身がみずからのいちばん深いところにあるいのちの声に耳を傾け、感じ取って生きていかなければならないでしょう。現代のように、大人でさえ「今の時代には生まれたくなかった」と言ってはばからないほど生きることが大変な時代、そんな時代に生まれてきた子どもたちに、心から尊敬の念を抱かずにいられません。

子どもは母親のからだを通って生まれてきますが、母親とは別の存在です。子どもは宇宙からの賜り物です。目に見えないものを敏感に感じ、あらゆるものがつながって存在している中にいる、個としての自分を生ききる親でなければ、子どもは安心して自分のことに取り組めず、目に見えない力も発揮できません。子どもの魂が本当は何を表現したいのかを知り、子どもが必要としている分だけその手伝いをするのが親の役目だと思います。そうしてはじめて、子どもたちは親を超えて、自分のいのちを生きていくことができるようになっていくのでしょう。

◆生きることがリアルであるからだ

神戸の事件が起きたとき、親たちが、「とんでもない子ども、とんでもない親だ」と大げさに驚くのを見て、そのあまりの認識のなさに本当に驚きました。私たち親は、私も含め、事件を起こしたA少年の親と変わらないのです。A少年の両親は、見合い結婚をしています。その後、子どもがなかなかできず、諦めかけていたときにできたのがA少年です。A少年の母親が書いた手記『「少年A」この子を生んで』(文藝春秋)を読んでもなお、自分はあの母親とは似ても似つかないと思えた母親は、いったいどのくらいいたでしょうか。

子どもたちは、A少年が使った「透明な存在」という言葉に共感を覚えました。その言葉が多くの子どもたちの実感を言い表わしていたからです。多くの子どもたちのからだは生きている実体や実感を失い、あるいは希薄になり、生きていることがリアルに感じられなくなっているのです。現実よりもテレビゲームの中で起きていることのほうをリアルに感じる子どもがたくさんいます。ある青年が、旅客機を操縦するシミュレーションゲームと現実の区別ができなくなり、実際に旅客機をハイジャックし、機長を刺殺する事件が起きました。あの青年だけが特別ではないでしょう。若者たちのなかに、ゲームと現実の境界が分からないようなからだの感覚が広がり、深まっているように思えます。

親子劇場のスタッフと話し合っていたときに、「いまの子どもたちが芝居を喜ばなくなった」という感想が出されました。「そうでしょうね、家の中で起きていることのほうがずっとドラマチックで、芝居で演じられていることが嘘のように思えるからでしょうね」と、皮肉でなく本気で言いましたが、どうでしょうか。嘘っぽい芝居など見る気がしなくなるほど、家庭や一人ひとりのからだの中で大変なことが起きているのです。

こんな興味深い話を、学生から聞きました。会社の社長で、個人の資産もあり、何不自由ない生活をしている人が、一週間のうち五日間も路上で生活しているというのです。その話を聞いたとき、私はとっさに彼は戦争に行ったことがあるのではないかと思いました。彼にとっては、路上生活のほうが生きている実感を得ることができる空間であるという体験が、過去のからだに記憶されているように思えるのです。

一人ひとりが、どうすれば自分が生きていることをリアルに感じる感覚をもつことができるか、それぞれのからだで探らずには生きられなくなっている社会が出現してきたとすれば、それはまた大きな希望でもあります。

◆いつからが「将来」なのか

未来に向かって飛び込んでいく気持ちがなくなれば、生きる意欲もなくなります。未来に向かって飛び込めるのは、未来に希望を持っているからです。未来に希望がなければ、未来に向かって生きることはできません。生きるということは、未来をたぐりよせながら生きていくことです。生きているからだは、過去と現在と未来の区別なく、同時に三つの時間を生きています。過去の思い出や現在のなかにどっぷりと埋没し、停滞してはいないのです。宮沢賢治は、作品を書くとき、「言葉が向こうからやってくる」という状態でした。そのスピードは、書く手のスピードが間に合わないくらい速かったのです。この時、心は未来と今と過去を同時に生きているのです。それが生きるということです。だから彼の作品の言葉はいきいきとし、古くなることのない普遍的なメッセージを持つものとなりえているのでしょう。

ある大学生から、「いつからがぼくの将来なんでしょう」とたずねられました。「将来のために」と、ずっとまじめに勉強してきたけれど、いったいいつになったらその「将来」になるのか分からないというのです。彼は今を生きていないのです。彼は、自分の本当にしたかったことを我慢して、進学するためにがんばってきたわけです。「大学を卒業したら、それまでの勉強が役に立つ」と言われつづけてきたのですが、世のなかを見渡してみたら、大学を出てもよくなりそうなことがないのです。

東大を卒業しても就職できないこともあるという情報がほかの大学生に与える衝撃は、大変なものです。それでも自分を守るためにたいしたことじゃないと思い込もうとするのですが、就職できないという事実がそれを許してくれないのです。親から「そのうち役に立つ」と言われて勉強し続けてきたそれまでの自分は何だったのか、彼らは分からなくなっているのです。本当に両親は自分のことを見てくれていたのかと、恨みたくさえなるのです。そういう意識の傾向が、非常に加速していっています。このままだと、さらにひどい事件を引き起こしてしまうかも知れません。でもそれは当たり前のことなのです。そうなるまで、自分が自分であることを許されなかったわけですから。

　面白いことができる子どもというのは、いまを生きることを尊重されている子どもです。彼らにとっては、つねにいまを生きればいいだけですから、生きることはとても簡単です。将来のためではなく、いまを生きている子どもは、どんな環境の中でも生きていくことができるのです。いまを生きるということは、その瞬間に自分がいちばんしたいことをするということです。もちろんしたいことをするからだは、したくないこともしなければいけないときがあることを知っています。

　本当にしたいことをしていると、たくさんの障害にぶつかります。それでも、自分でその障害を克服していくことができるのです。本当に楽しいことにたどりつくまでに、大変な目にあうかもしれません。でも、親や大人たちに余計なことをさせられてさえいなければ、まっすぐそこにたどりつくことができるのです。

◆自分に正直になる

賢治の学校では、長い年月にわたって余計なことをされたからだをごまかさず、このからだから逃げず、自分自身に正直になって、自分のからだの現実を知り、それぞれのやり方で、自分のからだのいのちの声を聞けるようになっていくことに取り組んでいます。賢治の学校には、生きるのもいやになった、人の中に出ていくのさえいやになった、呼吸することさえ苦しいという人たちが来ますが、そういう人たちもかならず変わっていきます。切実だから、自分をそれ以上ごまかしつづけることができないから、無理に変えようとしなくても、変わっていくことができるのです。その手助けをする必要がある人には手助けし、しかし必要以上のことはしないということをしていけば、誰でも自分を取り戻すことができるのです。

そして取り戻した自分を生き続ければ、これができなければ生きることができないという強迫からどんどん自由になるのです。生きるということは、からだも心も新しく変わりつづけるということです。変わっていけなくなったからだは死んでいます。苦しいことからも逃げないで向き合っていくと、いつの間にか、からだは確実に、面白いくらい変化していくのです。

第8章　親が変われば、子どもは変わる

◆多動症の子ども

先日、あるワークの会場に一人の多動症の男の子が飛び込んできました。彼は小学四年生で、太郎くんといいます。彼は四六時中動き回っているように見えましたが、注意してその動きを見ていると、完全に母親を意識して動いていることが分かりました。母親が自分を追いかけてくることが最初から分かっていますから、かならず親が見ている場所で動き回るのです。彼の中に、つねに親の気を自分に引きつけていたいという、強い欲求があるのです。

けれども、母親の洋子さんは、太郎くんの中に「片時もぼくから目を離さないで欲しい」という欲求が芽生えた理由に気づいていませんでした。何とかこの子を育てないといけないという気持ちはあるのですが、実際は「この子さえいなければ私はもっと自由になれるのに、うっとうしい」と思っている部分も心の奥にあるのです。そして「どうして私にこんな子どもができたのかしら」と思いながら、彼の存在を本当のところでは受け入れることができないのです。今の彼は

とても掛け算・割り算に取り組むような状態ではないのに、「学力は大丈夫かしら」と思ったりすることで、親としてやることはやっている、と自分を納得させているように見えます。

太郎くんが目まぐるしく動き回ることでいったい何を表現しているか気づくために、まず洋子さんのワークをやることにしました。そのワークを通して、四人姉妹の長女として生まれた彼女が、親の心配ばかりして、自分を生きていなかったことが分かりました。彼女は、親の愛情が自分から妹に移っていくことにとても嫉妬していたにもかかわらず、それを自分の内側に隠し、表面上は平静を装って、親を助ける、親にとってのいい子をずっと演じて生きてきました。

洋子さんは恋愛結婚していますが、すぐには子どもができませんでした。まわりの人たちが「子どもはまだか」とうるさく干渉する中で不妊治療に通い、ヨーガ、鍼《はり》、漢方などを試しても子どもができず、諦めかけていたときに妊娠しました。結婚して六年目のことです。やっとできた太郎くんが歩きはじめたのは一歳六カ月で他の子どもより遅く、言葉も遅く、高いところが好きだったせいでいつもはらはらさせられ、心配のしどおしで、心が休まるときはなかったそうです。

太郎くんは学校でもいつも「勝手なこと」とされる行為をして、勉強もしないし、集中力もないと先生に言われます。就学時検診のときの簡単な知能検査でもやる気がなくて、知能に問題があると判断されたようですが、普通の学校に入学しています。とはいえ、入学式の最中に体育館を走り回ったり、校長先生が話をしている壇上に上がろうとして大変だったそうです。

太郎くんは、周囲の人から見ると、自分がいまどういう状況にいるのか分かっていないと思われるような行動をするので、トラブルの連続で、怒っても、言い聞かせても馬耳東風。自分から要求してくるとき以外は、「分かった？」と聞いても「そんなもん知らん」と応えたりして、まったく手応えがないということでした。

◆相手の目を見て話せない

ワークの最中も、洋子さんは太郎くんをずっと追いかけ回していました。彼は奇声を発したりするので、参加者の語る言葉が聞きとりにくくなったりして、困ったりする問題ももちろん起きました。けれどもそんな太郎くんをよく見ていると、たとえば「うん。もう分かった」と彼はすぐに言うのですが、行動が変わる気配は全然ありません。太郎くんの「分かった」は、とりあえずその場を逃れるための言葉として使われているのです。

太郎くんは自分のすることに集中できず、人との話も会話にならず、注意がすぐに外に向かって飛んでいってしまいます。もう一人、太郎くんと同じクラスの京太くんという男の子が来ていましたが、太郎くんは京太くんに対しても乱暴な口をきいたり、暴力をふるいます。でも、京太くんも太郎くんに乱暴な言葉をぶつけて、負けていません。とうとう激しいとっくみあいになり、二人とも傷だらけになりました。その様子を見ていた大人が止めに入ろうとしましたが、私はあえて二人に任せて、大きなけがにつながりそうなときだけ手を出せるよう、すぐに動けるように身構えて、見守ってもらいました。

二人ともかなり乱暴で、手加減なしの大けが寸前のけんかです。傷もでき、血も出ています。

そのときの二人の会話をよく聞いていると、言葉の達者な京太くんが追求すると、太郎くんは「タコ」「出ていく」「もういい」と言って、逃げ出そうとします。すると京太くんが「逃げるな」と言って追いかけ、太郎くんを座らせて「応えろ」と要求するのですが、そうされると太郎くんは「分かった。もうしない」と応えてまた逃げます。

京太くんは当然納得できませんから、「そんなこと言っても、何回も同じことをするじゃないか」と、太郎くんに飛びかかって、激しい怒りをぶつけていきます。二人のこれまでのつきあいの流れは分かりませんが、これだけ見ると、なぜ太郎くんは相手の言ったことに応えられないのだろうという気持ちにさせられます。また京太くんの怒りに耳を傾けていると、どうも太郎くんに対するものばかりではなさそうだと気になってくるのです。

もしかしたら、太郎くんのお母さんと京太くんのお母さんもそうかもしれません。その後、ふたたび太郎くんと京太くんのお母さんのワークをすることにしました。すると、二人とも、わが子と同じ傾向が強いのです。

太郎くんのお母さんは、会話のはしばしに「もういい」といった言葉が出てきます。また、太郎くんと同じように、話している相手の目を見ることができません。本人は意識していないのでしょうが、相手の言うことに応えるのではなく、話題をそらして別の話にもっていこうとしてしまいます。京太くんのお母さんも、小さいときに親から受け入れてもらえなかった怒りをからだの中にかかえたまま、まだ充分に表現できずにいるのです。

◆心の緊張、からだの緊張

太郎くんの親子のほうに注目して、様子を見てみましょう。どうやら太郎くんの行動は、母親の洋子さんの中に長い間蓄積されてきた問題を表現しているように見えてきました。そこで、彼女の子ども時代を見ていくことにしました。

洋子さんのお母さんは、姉の彼女より妹のほうをかわいがっているようです。けれども、彼女はとにかく親の面倒をみるのは長女である自分だと思っています。洋子さんの中には、「片時も私から目を離さないで、かまってほしかった」「私の要求を聞いてほしかった」という強烈な欲求があることが分かりました。それなのに、彼女はそういう自分の要求を殺してずっといい子で生きてきたために、からだがとても緊張しています。その緊張が太郎くんに伝わっているのです。おそらく妊娠中、子宮の中の太郎くんがお母さんと一体となって、同じように緊張していたことは想像がつきます。

心の緊張とからだの緊張はつながっています。太郎くんは、まるでからだの緊張と不安に対応するために、多動をやらざるをえなくなっているように見えます。じっと座っていると、緊張と不安にグルグル巻きにされてしまいそうな気がしているように見えるのです。そんな彼の事情を知らない人にとっては、とんでもないと思えるほど激しく動き回ることによって、太郎くんはやっと生きているのではないかとさえ思えてきます。

また、太郎くんは、多動によってまわりの気を自分に集めています。洋子さんは「高いところから飛び下りるんじゃないか」「いきなり道路に飛び出して交通事故にあうんじゃないか」といつも最悪の心配をしているのですが、よくよく耳を傾けて洋子さんの言葉を聞いていると、それは彼女自身がそういうふうにいつも親に見ていてほしかった心の現われのような気がしてきました。

親子のからだを、ただならない縁と深さでつながった存在、一対のものと考えて慎重に見ていくと、何世代にもわたって、親が自分のなかにずっと閉じ込めてきた「子どものときに親にこうしてほしかった」という無意識の思いが、子どものからだを通して表出しているように思えてなりません。いま日本中で急増している、いじめ、暴力、引きこもり、不登校、摂食障害、自殺未遂、鬱病や分裂病などの精神的な病いといった、身体的・精神的な症状、けが、痛みや苦しみは、おそらく何世代にもわたって癒されなかった心のうみを出す作業なのかもしれません。

そして、それらの中のいくつかの問題が複合しあって教室でも噴き出し、教師の手に負えなくなった状態が、学級崩壊とも言えそうです。だいたい「手に負えない」という表現自体、教室が収容所のようなイメージと重なっています。先生にとって、学級を壊すような子どもは「手に負えない子ども」ということになってしまい、子どもたちの行為に隠された根本的なメッセージに心を傾けるどころではなくなっているのが現状でしょう。まだ大人として本当に成長していない自分に対して無意識の不安を抱えている教師にとっては、自分への反乱、人間否定に思え、教師自身も傷つき、落ち込み、どうしたらいいのか分からなくなってしまうのです。しかし、これはとても教師個人、学校だけが背負い込むことではないのです。

もちろん、教師が傷つき、落ち込むのは、教師自身のからだや心にも取り組まなければならない課題をかかえているからです。教師は、その課題に取り組むことによって、教師としても人間としても新しくなっていくことが可能になってきます。とても一人では変わっていけない道を歩むきっかけを、子どもたちがくれているのです。教師はこの問題に本気で取り組むことによって、こういうところに立たせてくれた子どもたちに恩返しができるのです。

親や教師が、自分自身のからだや心にかかえている不自然さや窮屈さに取り組みはじめると、子どもは見事に落ちついてきます。親や教師がその取り組みを終えないかぎり、子どもは不安で、落ちついて学ぶどころではないところまで、子どもたちのからだは、人間存在の本質を大人たちに気づかせるため、個々の意思を超えて変化し、つながり合い、進化してしまったのでしょう。

◆親が変われば、子どもは変わる

学級崩壊が大きく報じられてからというもの、「子どもが昔のように親や教師の言うことを素直に聞かなくなった」「自分をコントロールできなくなった」「自己中心的になった」などと、まるで子どもの本質が変わってしまったかのような言われ方をされてきました。でも、子どもは本当に以前と変わってしまったのでしょうか。

何度も繰り返しますが、親自身の問題を子どものからだが表現しているということを、もっと親が知ることによって、問題に取り組むための糸口を見つけることが可能になります。子どもは、本来なら親自身が自ら気づいて取り組むべき課題に向き合おうとしないため、それになんとか取り組むようにと、親に突きつけているのです。親にメッセージを突きつけている子どもにとっては、このことを表現しないかぎり、自分のやりたいことが見えてこないようになっているようなのです。これは親子としてのただならない縁が起こさせていること。そういう子どもにとっては、自分自身がしたいことをする入り口に立つには、どうしても親が気づくことにこだわり続けなければならない魂の理由があるのでしょう。そこまで関わって、親が変わっていくことを必要とするのが、自分の仕事になってきているのでしょう。

それだけ親子の縁は深いのです。親が人間として、親として、その生命をまっとうしてくれることが、子どもである自分のいのちをまっとうしていくことにつながるという、親から子へのいのちの循環のなかで、子どもは自分をとらえているように思うのです。これから先の時代を作っていく子どもたちのいのちの火種は、親が人間として自分のいのちをまっとうする努力をすることでしか手渡されないのではないだろうかという気持ちさえわいてくるのです。

親にはっきりと自分のことに取り組めと突きつけることが自分の仕事だという使命感を無意識のうちにもっているように思えるほど、このことに日本中の多くの子どもが執着し、執念を燃やしています。それが分からない親は、「お母さんのことはもういい。お前はお前のことさえすればいい」「余計なお世話だ。自分のことさえできないくせに生意気なことを言うな」と、子どもに言ってしまうのです。

たとえ親がそう言っても、親は言葉だけで、自分のことに取り組むということがどういうことか本当は分かっていないことを子どもは知っています。だから、エネルギーのある子どもは親に突きつけることをやめないのです。これでもか、これでもかと、親が親自身の問題に取り組むようしむけるために、引きこもり、家庭内暴力、過食・拒食と自分のからだをはった行為を子どもがあえてしているということに気づいたとき、親の取り組み方、生きる深さが変化するのです。

親が自分自身の課題に取り組みはじめたとき、子どもも劇的に変わります。荒れていた子どもも落ち着きを取り戻し、だんだん元気になっていきます。自分の気持ちをはっきり表現できるようになって、明るくなるのです。子どもだけ変えようとしても、子どもはまったく変わりません。親が自分のからだにため込んだ問題に取り組んでいくだけで、子どもは自分から元気になり、変化していくのです。

太郎くんの場合、ワークの翌日、寝込んでしまったお母さんを看病しています。それまでの太郎くんからはとても考えられない、別人のような変わりようです。ワークから三カ月後、さらにこの親子は変化していました。太郎くんは明るくなり、心は落ちつき、親だけでなくほかの人の話も聞き、会話が成り立つほどになっていました。

親が一ミリ変われば、子どもは一メートル変わるのです。

そういう事態はどうして起きるのでしょう。子どもの表面的な動きに気をとられ、親子が魂の次元での深い因縁のもとに生まれてきた、つながりあう存在だと分からない親の子どもとして生まれた子どもたちは、親は困らせられることによってしかこのことに気づかないことを知っています。ずっといい子で生きてきた子どもたちは、どれだけいい子でいても親は反応しないことを学んでいるのです。子どもたちは、ここにきていっせいにいい子でいることをやめて、親にNO

を表現しはじめたというふうに言えるのではないでしょうか。

そう考えると、子どもの本質が変わったのではなく、科学万能、物質至上主義の物質文明の中に閉じ込められていた魂たちが、人間とは何か、何が本当の幸せなのか考えてみなさいと、多くの子どものからだを通して大人たちに気づかせてくれているようにも思うのです。子どもがいちばん表現したいことを表現し、自分は自分の人生を生きたいと声を上げはじめることができる時代にまで、魂が人間の歴史を推し進めてきたといえるのではないでしょうか。そこが多くの人の目に見えるように、からだで感じるように際立ちはじめたところが、子どもたちが変わってきたところと言えるのかもしれません。しかもこの流れは、ここで諦めてしまったら死ぬしかないというぎりぎりのところまで、子どもたちがからだをはって表現する方向に進化を遂げてきているのだと思います。

子どもという存在、人間という存在そのものが変わったわけでは決してないように思います。物質的な豊かさだけでなく、精神的にも充実することにからだが取り組める時代をようやく迎えた結果として起きていることなのではないでしょうか。私たち人間が、物質的充実を目指す地上の仕事と、精神的充実を目指す天の仕事とにつながったからだを再生していくいのちの道の途中で、そのことに取り組まなければならなくなってきたということなのでしょうか。

第III部　学校にできること

第9章　学校にできること

◆子どもが親を乗り超えるために

不登校の子どもたちとその親を対象にしたワークを続けていると、子どもが不登校になることによって、親のほうが自分で取り組むべき自分自身の課題から目をそらして生きてきた事実にはじめて気づく場面によく出会います。そして親が自分の課題に取り組みはじめて一段落つくと同時に、子どもが学校に行きはじめることがよく起きるのです。

学校に行くこと自体が、子どもにとっていい方向というわけではありません。子どもが親に対してなすべき仕事を終えた結果が、学校に行く行為につながっているということです。そういうときの「何となく一段落したな」という子どもの表情を見ていると、親が解決できなかった課題を子どもが引き継いでいく連鎖のなかにこそ、いのちが誕生しているように思えてきます。いのちというものは、親のいのちを超えることなくして生きられなくなっているようです。

優れた業績を残した人の子どもが、実力を出しきれずにつぶれてしまうことがありますが、それは親の子育ての方法に何らかの問題があったからでしょう。ある意味では、親が子どものいのちを犠牲にして自分の仕事をしたといえるかもしれません。その人が本当に親として生きていたら、子どもが親のいのちを超えていくような育て方をするでしょう。また、そういうふうに親が関わってくれることで、子どもも親が取り組まなかった課題を引き継いでいくでしょう。

私は、いまの社会の中、あるいは教育の分野においては、できるかぎりのことをしてきたつもりですが、ある意味では自分の子どもの面倒を見るより、教師として他人の子どもの面倒を見る仕事に力を注いできたともいえるでしょう。私の中に、親が教師として正当な仕事をしているのだから、子どもはそれを認めて少しくらいがまんしてくれてもいいだろうという甘えがあったように思います。わが子は私のこういう思いを受け入れてくれるはずだという、境界線のない思い込みです。

しかし、私が一人の教師として成長していくことは、女として、親としての自分の成長と一つにつながっていることもひしひしと感じていました。男女平等が制度的にも比較的保障されている教師の世界にあってもまだまだ女性への負担は大きく、子育ての真っ最中は、自分の仕事、授業、生徒たちと向かい合うことを納得のいくものにしていくことと、育児をはかりにかけなければなりませんでした。わが子と向かい合っているときはわが子だけしか目に入らない状態であっても、いったん仕事に集中するとそうはいきません。

でも私は自分がそのように生きることが、わが子が親を乗り超えていくために必要だと思っていました。というより、それ以外のことはできなかったのです。今にして思うと、もう少し子どもと一緒に過ごす時間を作っていれば、子どもたちがそれぞれの家庭でより豊かな人間関係をつくっていく能力をもっと育てることができたのではないかと思ったりしないわけではありませんが、実際は私がこんなことを思うこと自体、子どもたちにとっては余計なことなのかもしれません。なぜなら二人の子どもは、私などまるで問題にならないほど、親密で自由な、お互いが成長し、協力しあえる夫婦の関係をつくっているのですから。

また、私はさまざまな授業をつくってきましたが、いまだにそのすべてを整理し、体系づけることができていません。別の方向にからだが引っ張られていくからです。でも、はっと気がつくと、その部分を息子と娘が引き継ぎ、取り組んでいるのです。今の私にできることは、子どもたちが学ぶために必要な援助を精一杯することだけです。とはいうものの、一九六七年生まれの息子、和広は三二歳、一九六八年生まれの娘、雅代は三一歳になりますが、二人の仕事の仕方や生き方、パートナーとの生活の仕方を見るとき、はるかに私を超えてしまったなあ、と感動することしきりです。

二人の子どもたちが、私にそれぞれ反発したのは、雅代は中学生のころで、和広はずっとあとになってでした。もっと早い時期に和広のなかに親に反発する気持ちを保障するだけのことを私ができていれば、彼自身が本当にやりたいことに早くから取り組めていたのではないかとも思いますが、母親の私を支えなければならないと思う状況に彼を追い込んでいた私の未熟さが招いたことですから、和広が言うように「それも意味があってのこと」なのでしょう。このことについては、和広と雅代の言葉も突き合わせながら、じっくり整理していきたいと思っています。

◆私を超えてゆく息子と娘

雅代は今、ドイツのニュルンベルグにあるシュタイナー学校で、オイリュトミーの教師をしていますが、ここ数年、夏と春の休みを利用して、賢治の学校で日本の子どもたちへの授業をしています。その授業を見たとき、子どもに対応する雅代のとっさの動き、判断、わたしを超えた物の見方、考え方、子どもをそのまま受け入れる広さと深さに、目を見はりました。

また、去年（一九九八年）の夏、和広と彼のパートナーの自然治療医師のシュテファニーが日本で開いたワークショップの第一声は、「人間は苦しむために生まれてきた」という言葉でした。和広のワークショップの流れも、私などとても及ばないスピリチュアルな視点に立ったものでした。彼らの言葉は、普通の人の目には見えない魂やオーラをも包みこんだものでした。「恐れ入りましたと」と、心から感動せずにいられませんでした。

一九九九年十一月、スイスから帰国した和広とシュテファニーが行なったワークショップのテーマは「宿命に触れる」でした。前回が「どのようにカルマ的仕事をこなしていけるか――自己の性格、行動パターン（癖）を「治」していくために――」であったことを思い出してみても、彼がはるかに私を超えたところを歩んでいることが分かります。

和広は、夫婦の関係にしても、相手に対してとても深い関心と尊敬を抱いています。和広とシュテファニーは、自然治療医師として協力しあって仕事をしているのですが、おたがいに学びあうことが楽しくてたまらないようなのです。また、自然治療医師という仕事を和広が選んだということは、人間のからだや心、目に見えない魂の世界に触れていく道を進むということでもあるのです。和広夫婦の会話に立ち会ったとき、彼らの関係は、私が夫とつくりたいと思っていた関係であったことに気づかされました。

雅代と夫との関係を見てもしかりです。最初はかつての私のように雅代が夫を問い詰めるように見えるところがあったのです。それを見た瞬間、私は雅代に対して「ああ、申し訳ないことをしてしまった」と思ったものですが、夫のヴィルギリウスは、それを受け止めていました。それから十年以上たって、二人の関係はとてもしっくりしてきたのです。だからといって、芸術家としての仕事がマンネリ化することはありません。つねに新鮮で、同じところに止まらず、夫婦ともに、クラスの子どもたちから日々突きつけられることに向き合い、工夫し合って、お互いや子どもたちとの関係も新しくしていく生き方を続けているのです。もちろん、プロの芸術家であるオイリュトミストとしての力を伸ばしていく練習を、日々欠かすことはありません。

和広と雅代は、数年前、それぞれのパートナーと組んで、日本でオイリュトミーの公演を開催したことがあります。「湧き上がる泉のように」というテーマで、宮沢賢治の心象スケッチ「春と修羅」を中心に、閉塞状況にあって窒息しかけている魂やいのちの泉、いのちの声を、地上に湧き上がる泉のように表現したものでした。

それはこの地上での新たなる誕生宣言のように私には感じられましたが、二人とも、私のはかり知ることのできない努力や喜び、苦しみを経てきたのでしょう。それを言葉だけでなく、仕事や芸術のかたちで表現しているのです。

そんな二人を見ていて、私は母親としての大きな仕事を一つ終えたと思いました。次のいのちを生み出す人間がどんな道を選ぶかについては、そのいのちを産んだ人間に責任があります。多くの親が、できるだけ早く孫をつくることが子どもの仕事のように思い、それを子どもに望みますが、それはそれぞれの夫婦が決めることで、親が関与することではないのです。私の息子と娘は、自然治療医師や教師という仕事を通して、多くの悩める人や生徒や患者がその人として生きる道を獲得するのを援助することで、有形無形のかたちで次の世代のいのちを育んでいるのです。自分の血をひく子どもを作るかどうかは、二人にとって今はどうでもいいことなのです。

この国にあっては、親の課題を引き継ぎ、さらに発展させることが子どもの仕事だという認識がまだはっきりとなされていません。親のほうが、子どもに親の面倒を見させたり、親の期待通りのことをさせようとして、子ども自身の人生を生きにくくしてしまっています。子どもが親の反対を押し切って何かをやることが、とても苦しい状態になっています。親のほうに「親であるこの私を、子どもが乗り超えていこうとしている」という自覚がないと、せっかく伸びようとしている子どもの芽をつみとってしまうことになるのです。

戦後の厳しい時代をずぶとく鈍感に生きぬいてきた親を乗り超えていくこと自体、何不自由なく育った現代の子どもにとっては至難のわざです。それなのに、子どもが何をしても、親は「お前なんか社会に通用しない」「金をかせいで一人前になってから言え」と言うだけで、なかなか認めようとしません。また、そういう大人がつくっている社会では、創造力や想像力のもとになる柔らかい感性や思考は大事にされませんから、つねに親が子どもに勝つことになるのです。そうすると、子どもには自分の将来が見えてしまいます。何をしても自分は親に認められないし、親を乗り超えられないということになると、生きる元気がなくなってしまいます。

◆学校にできること

先日、「子どもが三人とも不登校になりました」と、ある母親がワークにきました。彼女もまた、親に対してはとてもいい子として生きてきた人でした。ところが「子どもたちが不登校になるのは、まともに子どもを育てられなかったお前のせいだ」と母親に責められたとき、自分が母親から受けたしうちに対して今でも怒っていることを、母親に向かってやっと表現できたのです。それを何度か繰り返したとき、彼女の三人の子どもたちが、口をそろえて「これからのお母さんが楽しみだ」と言いだしました。子どもたちはすこしずつ元気になってきているのです。

親が心の中で思っていることを表現してくれないと、たとえば舅、姑と同居している家族の場合、親がおじいちゃん、おばあちゃんに対して思っていることをはっきり言ってくれないと、子どもは苦しいのです。それはもちろん一方向に対してだけではありません。おじいちゃん、おばあちゃんが、本心から両親と語り合い、おたがいが本当に心を通わせあって仲良くなってくれないことも、子どもにとって苦しいことなのです。だから、子どもが親に代わって、親が思っていることをおじいちゃんやおばあちゃんに言ったりするのです。ところが、親のほうは「そんなことを言うと、おじいちゃん、おばあちゃんが怒って大変なことになるからやめなさい」と子どもを怒るのですが、心のどこかで喜んでいる部分がきっとあるはずです。

でも、自分の心の中を見ようとせず、もめごとが起きるほうがこわいと思っている親にはそれが分かりません。そうすると、おじいちゃん、おばあちゃんに悪く思われてまで親の気持ちを代弁している子どもは、それが親に分かってもらえないことになり、無意識でやっているだけに、混乱し、苦しくなっていくのです。子どもにそれを自覚的にとらえることができれば、たとえ親や祖父母が理解できていなくても、言葉できちんと説明できますが、残念ながら子どもはまだそれだけの言葉を持ち合わせていないため、落ち込んでしまったり、両親や祖父母に暴力をふるったり、引きこもったり、困らせたり、悩ませたりといった問題を起こしてしまうのです。

そういう状況の中で、これからの学校に何ができるのか考えたとき、子どもたちに起きている症状について、子どもだけの問題と限定するのではなく、親も一緒に取り組むシステムを早急につくり出す必要性を切実に感じます。教室の中では、教師から見て何の問題もないように見える子どもたちにしても、同じ波が確実に押し寄せています。ある子どもだけが特別だということではなく、いまの時点でまったく問題が表面化していない子どもにも、あとになってかならず何らかの問題が起きるのです。

少しでも早くそういうシステム作りを進めることができれば、みずからのいのちを断ったり、人のいのちを奪ったり、傷つけたりして、自分を犠牲にしてしまう子どもが救われるように思います。子どもたちのからだは、親や教師が少しでも自分の課題に取り組んでいくように変わってくれただけで、大人を大きく乗り超えていく力を発揮するようになっているのです。

親、教師、子どもがどういう関係にあるのか見ていきましょう。まず、教師は、自分が持っている子どもが生きていくために必要な知識や知恵のすべてを、子どもに渡しつくさなければなりません。これ以上教えるものはないところまで、あらゆるものを子どもたちに渡していくのが教師の仕事です。ただし、それは知識を言葉の洪水にしてつめこむということではありません。それぞれの子どもの年齢にあわせて、最小限のきめ細かい教え方を工夫することが大切です。教えすぎてはいけないのです。

親は、まず自分のすべてをかけて子どもと向き合う必要があります。わが子の面倒をいちばん見るのは親であることを自覚しなければなりません。教師はあくまでも教師にすぎず、わが子の親ではないのです。教師ができることと親ができることは違います。親子というのは、ただならない関係にあり、深い因縁によって結ばれています。太郎くんにしてもそうですが、子どもは非常に深い意味をもって、親自身の課題に取り組むことを親に突きつける存在として、この世に誕生してきているのです。

そういった子どもに対して親が取り組むべきもっとも重要な仕事は、やはり最終的に、子どもに親を乗り超えさせるプログラムをもたせることではないかと思います。親鮭が、死んだあとの自分のからだを生まれてくる稚魚の餌《えさ》とするように、親の持つすべてを子どもが吸収しつくし、親を乗り超えていく次のいのちをつくり出していくことができるだけのエネルギーを親が子どもに渡す、それが自然の摂理のように思えるのです。

私自身のことに引き寄せて考えてみると、私の父は大正二年、母は大正九年生まれです。二人は大正、昭和という激動の時代を生き抜いてきたわけですが、だからといってその知恵のすべてが、つぎのいのちである私にとって役に立つわけではありません。たとえば、母は旅行に行くと、真っ先に家族や近所の人たちへの土産を気にします。「自分のために何か買うより、人にあげるものを買って、その人が喜ぶ顔を見るほうがうれしい」と言うのです。それは、彼女が暮らしている村のなかで自分を保つために身につけてきた身の処し方の知恵でもあります。母はそういうことを本当に喜びに感じているのです。

もちろん世間の多くの人たちと同じようなことをする母は、誰からもとがめられないし、周囲の人たちからも立派に生きている人間として評価されます。実際、よく働き、五人の子どもを育て上げ、孫の世話もし、朝起きたら畑仕事に出かけ、自分も年寄りなのに、老人の世話のボランティアもし、一度として入院することなく、よく学び、よく旅行もし、たくさんの友だちと一緒に、自分のいのちが使えるかぎりは役に立ちたいとよく動いています。また、寝たきりのお年寄りのためにおむつを縫ったり、洗濯物をたたみに行ったりと、社会に貢献するため、母としては最大限のことをしています。それはあっぱれなものです。

しかし、私も母の子。そういう母の生き方に学びながら、さらに一歩も二歩も踏み込んで、この社会の枠組み、システムそのものに疑問を投げかけていこうと動いています。母とは対照的に、私は社会の価値観からはみ出してしまうことがよくありました。小学校に勤めていた頃にしても、同僚の教師から嫌われ、「本当に困った存在だ」「そんなことをされたら、私たちが仕事をしていないように思われる」「私たちのやり方が間違っているとでも言うのか」などと言われ、煙たい存在として見られていました。私が二〇年前に受け持った子どもたちを一人一人訪ねて、インタヴューしている金沢大学の村井淳志《むらいあつし》さんは、かつての私の同僚も訪ね、興味深い取材を続けておられますが、その中で、私が同僚から評判が悪かった事実を聞き出しています。

私の中には、既存の社会のありようを壊していく要素が母よりもずっと多いのです。母はつねにみんなとなかよく和気あいあいと生きていこうとしますが、そういう生き方だけでは、私のからだは本当に生きているような気がしないのです。もちろん、好きこのんで他者と対立しているわけではありません。私が私として納得できる人生を生きていく結果が他者にとって不愉快につったり、一時的に対立するようなことが起きているだけなのです。

私にとって、他人からの評判などどうでもよく、自分が納得するかどうかということが大切なのです。母よりも自分に対する存在肯定の意識がはるかに強いとも言えます。しかしそういう私に育ててくれたのは、ほかならぬ両親です。つまり、母自身が、自分ができなかったいのちの営みをする存在として、私を育てていたとも言えるのです。

◆自分のいのちを生ききる

いのちからいのちへと引き継いでいくとき、親がそのときどきに自分に正直で、自分にできる精一杯のことをしていれば、子どもは親の持っている問題を正確に突きつけてくるものです。たとえば、私の母のように世間に合わせて精一杯生きている親の生き方に私が満足できなければ、子どもである私は、「私はそういうふうには生きない」と、親とはちがう自分自身のいのちを育てていくのです。私の中には、子どもは親の問題を引き継いで、さらに発展させていくような仕事に取り組むようになっているという、いのちへの限りない信頼があるのです。

　私から見ると、親は親の時代を親のやり方で生き、私は私の時代を私のやり方で生ききっていくだけなのです。そういうふうに私が生きる力をくれたのは親ですから、親への感謝はとても言葉につくせるものではありません。親子とはそういうただならない関係であることを親が自覚して子どもと向き合うと、子どもは自分の人生をどう生きるか考える上で、ずっと取り組みやすくなります。けれども、自覚のない親の中には、子どもが反発したりすると、「自殺してやる」「出ていけ」「もうお金は送らない」と、子どもを脅迫してしまう親もいるのです。

　しかしそういった脅迫にしても、親が親自身のやり方でそのいのちを生きる行為の一つです。そういう場合は、子どものほうが「ぼくはノーだ。ぼくはぼくのいのちを生きる」と、親を乗り超える覚悟を決めればいいのです。たとえその覚悟をきっかけとして親が死んだとしても、死の原因は子どもにあったのではなく、親自身のなかに内包されていただけで、親のいのちが終わったというだけのことです。その一方で、親がやり残したことが、子どもである自分の中で形を変えて生きていく、つまり親のいのちも同時に引き継いで生きている自分が誕生するのです。

◆親子はなぜ迷うのか

　では、親子は何がネックになって迷うのでしょうか。ある地方で賢治の学校を運営している若い夫婦が、「私たちはこういう学校を作りたい」と親に相談したところ、親は子どもが自分と考え方が違っていたために半狂乱になって、まったく見当外れの教育委員会に電話し、「子どもが土地を買おうとしたら、反対してくれ」とまで言ったという話を聞きました。この親にしても、親自身のいのちを生きているのですから、子どもは親にどんな邪魔をされようと、たとえ親を怒鳴りつけてでも、自分のいのちを生き続けていくことが大切です。

いのちには必ず限界があります。親のほうが、「自分ができなかったことを子どもがやろうとしているのだから、できるかぎり援助しよう」と思えるようになれば、子どもはそういう取り組みに早い時期から手をつけられるでしょうし、ずっと気持ちよくできると思います。そういう時期が遅くやってきたとしても、それは親子関係の必然の中で起きたことですから、いいとか悪いとか言えることではありません。遅くなるには遅くなるだけの必然があり、そのゆっくりとした進行の中で、取り組むべきことがあるというだけのことなのです。

かつては「親のための人生を生きる」「親に喜んでもらえるような人生を生きる」といった生き方をしてきた人たちが、ぎりぎりの状態に追い込まれて、「自分はこのままでは生きられない」という声を上げはじめたのが今だといえるのではないでしょうか。それを子どもが早く自覚したら、親に惑わされずに自分自身を生きられるようになるし、親に反対されても、その親の言葉を自分を確かめるためのありがたい言葉として受け止められるようになっていくのです。

親が自分自身の無意識の心の声に耳を傾け、これまでの自分の人生は本当に幸せだったのか、自分は本当はどう生きていきたいのかを自分に問うことができれば、親子がかわす言葉も深まり、親子であるがゆえに、親子が一緒に、たがいに本当のいのちを生きていくことがよりスムーズにできるようになることでしょう。

◆子どもを叩く親、叩かない親

親に叩かれたことがある人のなかには、わが子を叩く人もいれば、反対に絶対に叩かないと決めている人もいます。賢治の学校を訪れたある親子の場合、二八歳になる娘さんが何をしても、お母さんは絶対に怒らないというのです。

「障子や襖《ふすま》を破っても、窓ガラスを割っても、壁に穴をあけても、次の日にはみんなもとどおりに修理されていて、まったく手応えがありません。この二年間その繰り返しで、疲れ果ててしまいました。こんな親に私はどうやって向きあったらいいのでしょう」と、娘さんは言います。

お母さんに「襖を破られて何とも思いませんか」と聞いてみました。すると「腹が立ちますよ」と言うので、「殴ってみたらどうですか」と勧めました。お母さんは「えっ、殴るんですか」と意外そうに聞き返してきました。そのとき、そんな私とのやりとりを聞いていた娘さんが、「お母さんはどうして怒らないの」と、お母さんの頬をいきなりぱちんと叩いたのです。それでもお母さんは、「なんて事をするの」と娘さんをたしなめるだけです。

そんなお母さんに、私が「殴りかえせ」と言ったところ、お母さんもぱちんと娘さんを叩きました。すると今度は娘さんが「子どもに向かって何だ」と言ってぱちん。お母さんも「親に向かってなんて口のきき方をするの」と言ってぱちんと叩き、たがいの頬が真っ赤になるまで、親子で叩きあっていました。

さんざん叩きあったあと、「お母さん、これからもちゃんと叩いてよ」と娘さんが言いました。

それまでの母親は、怒りや喜びといった感情がわかないほど、鬱《うつ》に近い状態になっていたのです。母親にしてみると、そのくらいのほうが世間と折り合いをつけるためには都合がよかったのですが、子どもからすると、そんな親の状態はとても本当に生きているようには思えません。

娘さんは、真っ赤な頬を押さえて、「やっとお母さんが返してくれた」と、うれしそうでした。それまでのお母さんは、彼女にとって死んでいるような存在でした。彼女は、障子や襖を破ったりしないとお母さんが反応しないからそうしたのに、それでもお母さんが何も反応しないため、ますますエスカレートしてしまったのです。とにかく母親の生身の反応が欲しくて、ようやくそれが実現したことがよほどうれしかったのでしょう。

◆自分らしくあるために

一人でいるほうがほっとすると感じる子どもが多くなりました。家族という集まりを煩《わずら》わしいと感じる人もいます。お互いがお互いのありようを保障するだけの自由さを獲得できずに干渉しあうため、人といることを煩わしく感じるのです。急速に普及したパソコンや携帯電話を使った会話では、直接相手のなまのからだと触れ合うことはありませんから、きれいごとですませてしまえます。なまのからだと触れ合うと、自分のなまの感情の部分が刺激され、自分の思いどおりに相手が動いてくれないと腹が立ったり、嫉妬の感情が起きたり、自分の内面をかきまわされたりして、苦しいことも起きてきます。

私たちはこれまでいろいろな共同体をつくり、さんざん周囲と干渉しあった歴史を長くもってきました。ところがいまは、以前よりはるかに干渉されないで生きていくことをやっています。まるで振り子の針が一方の極からもう一方の極に振れているような状態です。しかし、それでもからだのほうは落ちつかず、一人でいることを寂しく感じてしまい、しじゅう電話せずにはいられないようなことも起きてきています。

どうしてそういうことが起きるのでしょう。それは、「自分」がないからです。自分というものができてくると、適度なところで相手との距離を取ることができますから、極端から極端へと自分を操作する必要はなくなるのです。

私たちは、長い歴史の間に、干渉は煩わしいけれど、一人でいるのも寂しいという両極端な実験をしてきた結果として、人ともつながるし、一人でもいられるという生きかたを求める方向に、からだが向かっているように思います。それぞれがほどよいところをそれぞれのからだで見つけようとしているのです。ある人は煩わしくても誰かと一緒にいるほうがいいと思うでしょうし、寂しくても一人のほうがいいという人もいるでしょう。いまは、それぞれの人が自分のからだにあった関係と位置を探している時期なのではないでしょうか。

この第三の道を探すときに必要なのは、自分が自分としていられる軸をどう確立するかということです。自分が自分としていられるようにするには、どうしたらいいのでしょう。人との関係をつくるとき、まず自分のことを知る方法をいくつかもっておくといいように思います。たとえば、自分の心の中に、相手のことを分かるより先に自分のことをどうしても分かってもらいたいという気持ちが強くわいてきて苦しくなる人は、こういう心が小さいときに親が自分のことを分かってくれようとしなかったために起きている心の動きだということを知っておくと、余裕が出てくるように思います。

もちろん、だからといって親を恨《うら》む必要はありません。親がどうしてそうなったのかを歴史的に探ればいいのです。でも、ここでやっかいなことは、知的に理解できたからといって、からだが納得できない、親を許せないという感情から自由にならないということも起きてくるということです。だからこそ、たくさんの人がここから自由になるにはどうしたらいいのかを探っているのです。

賢治の学校は、そういうことを真剣に見つけていく場の一つなのです。なかなか大人になれない自分を自分で分析し、取り組むことは、現代を生きる大人たちにとってこれ以上に大切な仕事はないと言ってもいいほど重要なものです。しかし、そうなってくると、スピリチュアルな視点から自分を見ることでしか、道を見つけ出すことはできないように思います。

自分は、たとえ自分自身をなくしてしまっても、集団のなかにかたまっていたいと思っている人も、少しずつゆさぶられながら、自分の本当のいのちはどうしたいと思っているのかを探りはじめています。それを探る道で生まれたのがACの理論やトラウマの理論です。自分のなかの心の傷があって人と関わるのが怖かったり、自分が愛されなかったために過剰に人に分かってほしい気持ちが強くなり、期待しすぎて、頭打ちになってしまうといった、心のなかに起きてくる問題の一つひとつを、それぞれが整理する段階にきているのです。そのことをもっと多くの人が自覚したとき、それがこの日本社会の人々の意識全体を変えていく大きな力になるでしょう。

それが分からなかった時代は、人は極端に厳しい修行をしたり、観念が強くなっているからだを大地におろしてくるようなことをしていたように思います。いまや滝に打たれ、山や寺にこもって修行などしなくても、日常生活が十二分に修行の場になっているのです。妻、夫、子ども、親、祖父母とどう向き合って生きていくのかということに取り組むことが、修行そのものなのです。

子どもたちは「一人でいたい」と言いますが、それは本当は親の心ではないかと思います。むやみに人と関わらずに、自分は自分として一人でいられる時間を持てなかった親の中の子どもの部分が、そういう気持ちを強くしているように思います。

親子のギャップは、自分が本当はこうしたいという欲求を持っていたのに、それをないものとして閉じ込めてきた親に対して、子どもが「自分はそれを閉じ込めたくない」「自分はこう生きたい」とはっきりと表現しているところから起きているように思います。親は無自覚に自分を抑圧して生きていますし、子どもも無自覚に自分を表現しようとしていますから、ギャップがギャップのままになっているのです。

第10章　生きるための技術と哲学

◆豊かな時代の教育

不登校、引きこもり、摂食障害を起こしている子どもたちのなかには、経済的に本当に切羽詰《せっぱつ》まっているような家庭の子どもはいないことが分かります。親が金銭的に困っている家では、子どもも働くようになるのです。

昔から、資産家の子どもが道をはずれたり、親の財産を使い果たしてしまったりといったことはよくありました。貧しい暮らしをしていた人たちは、資産家の子どもの道楽を冷ややかに見ていたものです。しかし、今にして思えば、この子どもたちは、ある意味では親を超えようとしていたといえるのかもしれません。親と違った、親がやらなかった道を選び、「何が人間にとって大切なのか教えてほしい」と叫んでいたようにも思えるのです。財産を使い果たした点だけ見ればできの悪い子どもと思われるかもしれませんが、親ができなかった人生を生き、親が楽しめなかった分を楽しんだ部分もあったのかもしれないのです。

そういう子どもたちの行動を見るとき、その行動が何を表現し、どんなメッセージを送っているのか、単純に善悪で評価を下さず、慎重に感じ取ることが大切だと思います。親子、兄弟、姉妹、家族というものは、どうもお互い補完し合い、全体としてバランスをとるよう、無意識にからだが動いているようなのです。

宮沢賢治の家が裕福だったことが賢治が精神的な仕事をすることを可能にしていた面がおおいにあるように、食べることに困らなくなった時代を迎えた現代社会は、賢治のような仕事ができる人をたくさん生み出すことを可能にしたといえるのではないでしょうか。同時に、賢治が抱えた苦しさを体験する機会も増えているのです。時代は精神と物質の統合に取り組まなければならないところまで進んできているのに、学校や家庭の教育においてそれがまったく読めていません。あいかわらず旧態依然とした授業内容を続けてきた結果、若者たちは必要な学びに出会うことができず、混乱してしまっているのです。

◆生きるための技術と哲学

人間は、まず「個」として立って、生きていけるようになるのが基本でしょう。そのためには、いまをいきいき生きるからだと、生きていくための技術と哲学が必要です。何を思考し、感じ、実践したいのか、いきいきと生きているからだは自分で決めることができます。いまをいきいきと生きるからだは、全身をバランスよく使い、体験し、考え、遊び、生きる上で必要な技術を獲得していきます。

日本の学校教育には、そもそも人間をどう見るのかという人間観がありません。簡単にいうと、社会に出て生きていくのに必要と思われる知識を、大学生から学年別に輪切りにして割り当て、学習指導要領なるものをつくり出しているように思えてなりません。なぜその学年にその単元があるのか、単元、カリキュラムの根拠が分からないのです。そのため、教師も人間とはそもそも何なのかを明確にしないまま、教育にたずさわっているのです。

このことは大問題です。いまこの子どもはどういう時期にあるのか、たとえばからだを作る時期なのか、感情を豊かにする時期なのか、意志を育てる時期なのかを見きわめることなく、ただ単に指導要領にもとづいてカリキュラムを組んでいるのです。

子どもの思考、感情、意志の三つをバランスよく育てていくにはどうしたらいいかを考え、そのためのプログラムをそれぞれの学校がつくることが必要です。シュタイナー教育はこの点がじつにみごとです。シュタイナー教育では、たとえば子どもたちのからだや魂がメルヘンを大事にする時期には、メルヘンの力を借りてイメージを育み、正しいものを求めようとする心を育てていくカリキュラムを組んでいます。

しかし、バランスのとれた人間が生まれてくると、バランスがとれていないからこそわいてくるエネルギー、芸術活動、生活スタイルが失われていくということにもなりかねません。極端な不幸を味わったからこそ、それが音楽や絵、小説のかたちで昇華されたということがこれまでおおいにあったわけですが、それがなくなるのでしょうか。そうなると人類はとてもつまらなくなるような気がします。しかし、それはいまの私たちが考えているからであって、思考、感情、意志のバランスがとれることで、いまは想像もつかない人間世界が創造されるかもしれません。要はそんなことを心配するより、一人ひとりが自分の納得のいく人生を送ることが大切かつ切実で、それをやっていくうちにこの三つのバランスがおのずからとれてくるようになっていくのかもしれません。

そうなってくると、DNAに組み込まれている人間本来の要素が、もっとシンプルに表面化するかもしれません。DNAの研究家のなかには、DNAが生き延びるために人間のからだを借りているという説さえ出てきています。人間とは何かということを、科学でも真剣に問う時期を迎えているのです。

学校は何なのか、何をするところなのかも、考えていかなければならないでしょう。授業も大きく変わる必要があるのです。からだを敏感にしていきいきしている子どもにとっては、どんな科目でも、はっきり自分のからだや生活とつながる部分がないと、関心が持てなくなってきています。そのことに深い関心を持つことができれば、試験などなくても子どもたちは自分から学ぶのです。それは教育の制度全体を変えていくことになっていくかもしれません。からだや心、学校や家庭、経済や政治といったこの社会全体にこれだけ多くの問題が出てきたということは、取り組める能力が私たちの方にもついてきたということでもあると思います。

◆子どもの心に耳を傾ける

子どもが授業を聞かなくなったといいますが、親も人の話を聞かなくなりました。授業参観や学芸会などでも、親たちの聞く態度は悪いのです。学校は、親がわが子以外の子どもが舞台に出ているときも静かに聞けるようにするためのいろいろな工夫をしなければならないほどです。私は、学芸会であまりにも親の観劇の態度が悪いので、全員の子どもを舞台に出しっぱなしにしてみました。そうなってはじめて、親は静かに舞台を見ることができたのです。他人の子どもの活躍する姿など見たくない、わが子以外の子どもが舞台でどんなに頑張っていても面白くないと感じている親が想像以上に多いということを知りました。みなさんの学校ではどうでしょうか。

また、きちんと親に話を聞いてもらえない子どもは、人の話を聞くことができるようにはなりません。なぜなら、子どもは親を模倣して大きくなるからです。今の子どもたちのからだの多くは、かすかな風の音、葉が揺れる音といったものに耳を傾けることがあまりありません。そのからだの使い方をよく見ていると、つねに片手間というか、音楽をかけながら、テレビを見ながら、からだは何か別のことをしていても、いつも音が流れつづけていないと不安になるようで、生活が落ちつかなくなっているように見えます。子どもたちは、以前よりもずっと、まわりの状況を見ずに、音を立てることが平気になってきました。そのくらい音に対してからだが鈍感になってきているように思います。また、人の心に耳をすますことに対しても鈍感になっています。

自分に中心がない人は、鈍感にしないと、いろいろな雑音が入ってきすぎて、自分の内側が壊れてしまいますから、ますます言葉や音に対して鈍感になっていくのでしょう。また、道を歩いていてもいろいろな騒音が混じり合っていますから、自然界のかすかな音に対してとても鈍感になっています。自然界の音に全身の感覚をとぎすまし、耳を澄ますことを失った若者や子どもは、もっとも大切な自分の心の声を聞くことを難しくしていくように思います。

親になるためには、わが子のからだや心の声を聞き取る力が必要です。親のなかには、親の心に耳をすまし、親の気持ちを察してくれるのが子どもの役割と思い込んでいる人がいますが、そういう人は本当の意味の親ではないのです。子どもの心に耳を傾けることができることが親になる第一歩であり、もっとも大切なことのように思います。子どもの心に耳を傾けるには、自分の心を子どもの心に調律する必要があります。調律は楽器のそれぞれの音を正しい音に調節し、楽器全体の音の微妙なバランスをとる作業です。

興味深いことに、調律をしている女性のレリーフが、ドイツのシュタイナー病院の産科の前にあるのです。それは、これから生まれてくる赤ちゃんに、親や医師が合わせていく姿勢の大切さを示しています。その行為があってはじめて、子どもは安心してこの世に誕生することができるのです。

野口整体法を考案した野口晴哉さんは、啐啄《そったく》の大切さを説かれました。啐啄とは、小鳥が生まれるとき、雛《ひな》が卵の殻を中から嘴《くちばし》でつついているかすかな音を親が感じとって、もっともふさわしいときに外側から殻を嘴でつついて、割るのを助ける行為です。このタイミングがずれると、雛は殻のなかで死んでしまうことになります。これは非常にかすかないのちの鼓動に耳を傾ける行為です。

ワークは、参加者の話すことばや、そのからだに耳をすますところから始まります。相手の話や、声、からだのしぐさに、静かに私の心を重ねていきます。相手のいのちと私のいのちが重なり、その瞬間、ワークのキーとなるイメージがやってきたり、私のいのちが窮屈さ、苦しさを感じることで、相手のいのちがどの方向に行きたがっているのかを教えてくれます。そして、いま私のいのちが窮屈《きゅうくつ》になっているところに耳を澄ましていると、動きだしたがっている方向がはっきりと見えてくるのです。

その窮屈さを参加者が動きや言葉で再現したり、表現したりしてみます。すると、参加者の中でせきとめられていたエネルギーが流れだし、参加者のからだの中や場全体の気の流れがよくなってきます。何が正しいか悪いかという善悪の判断や、頭で考えるのではなく、からだが本当はどうしたいのかに気づき、それにまかせて動いていったとき、それぞれのからだが待ち望んでいたことに触れ、深いところで変化が始まります。

何かにつけていいことか悪いことかをすぐ気にして、こうすべきだと考えがちな人は、からだの深いところで動いているかすかな音に耳を傾けることはとても難しいのです。でも、そのことをからだで分かった時、人は他人に左右されず、自分のからだの声にしたがって生きていくことができるようになり、精神も本当に自由になれるのです。

◆エンデの遺言

人間が本当に自分を生きているときは、時間がありません。人間が時間を気にしはじめた時、生きる感覚が変化してきたのではないでしょうか。同時に、いのちにとって大変な危機を迎えたように思います。生きるという実感が薄れ、手応えのある実感を体験することがなくなってきたようなのです。

小さい子どもはいきいきと生きていますから、時間が分かりません。人間は生まれつき時間の観念をもって生まれてきたように錯覚しそうなほど、いまは時間に追われて生活することが当たり前になってしまっています。ところがアフリカの部族のなかには、時間の観念のない部族がいます。文明社会になればなるほど、「時は金なり」で、時間とお金が等しくなってしまいます。時間がお金に置き換えられるところが、文明社会の文明たるゆえんなのでしょう。

日本の母親が子どもに向かってもっともよく使う言葉は、「早く、早く」でしょう。これによって、子どもを時間の奴隷にしていくのです。時間にせかされたからだは、時間を忘れて没頭すること、夢中になることを次第にできにくくさせていきます。先々のことが気になって、今を生きることができなくなります。「将来のために今を我慢する」という大人たちの生活スタイルに、すぐはまってしまいます。「将来のために我慢して一生懸命勉強する」と、何かいいことが未来で待っているような錯覚を抱かされる、つまりそう思い込まされ、洗脳されてしまうのです。

生きるということは今しかないということが分かっていれば、こんな世のなかの洗脳にはひっかからないのですが、みんな見事にひっかかってしまいます。

そして今や私たちは、時間とお金のことを考えなければ生きる道が見いだせないと思い込むほどになってしまったのです。

この管理された現代社会の時間の中でどう生きたらよいかということに着目したのが、『モモ』や『はてしない物語』を書いたミヒャエル・エンデです。そのエンデが、現代社会でさまざまな問題を引き起こしているお金のありようについて、私たちに問いかけた記録が残っていました。それをもとにした「エンデの遺言」というテレビ番組が、NHKで制作されました。

エンデはその番組のなかで、経済学者のシルビオ・ゲゼルが指摘した、お金が老化しない問題にふれています。自然界のすべてのものが年をとってやがて死んでいく法則をもっているのに、お金だけが老化しない、そのためさまざまな問題が起きているというのです。お金が年をとらないから、お金をため込む人が現われ、お金をため込んだ人が権力を持つ社会ができていくという鋭い指摘です。

お金に年を取らせないようにしてため込んでいる状態は、ちょうど川にダムをつくるようなものです。ダムによって流れをせき止められた水は、川を血液の流れにたとえると、血管にできたガンのようなものです。ダムにためられた水はよどんで、すぐに腐ってしまいます。いったんダムにためこまれた水は、大量の薬で消毒しないと、飲み水としては使えなくなっていきます。自然に循環し、休みなく流れている水は、故意に毒を入れられないかぎり腐ることなく、地球のいのちを育みつづけます。血液も同じです。流れなくなると、すぐに腐ってしまい、からだのあちこちを病気にさせていきます。

お金も血液のように流れつづけ、循環しなければ、社会を病気にさせるのです。お金に年を取らせるということは、早く使わなければ価値が減るということになりますから、人々は手にしたお金を早く使おうとします。それは、物との交換や人との交流を活発にしていくことにつながります。早くお金を手放すことによって、お金は活発に人と人とをつないで循環し、経済効果を上げるのです。

一九一六年に公表されたゲゼルの「自由貨幣」という新たな貨幣制度の理論は、高い失業率と不況にあえいでいたオーストリアのヴェルグルという町で、一九三二年に実践されています。「老化するお金」というシステムを取り入れた地域通貨を発行することによって著しい効果が得られたのですが、残念ながらオーストリア政府によって禁止されてしまいました。その後も、品物や労働に対する交換手段としてお金が円滑に流れるようにするための地域通貨の試みは、世界各地で急速に広まっています。それは、一時的な「地域振興券」とはわけが違います。お金の本質を問うことのない試みは無意味です。

また、スイスの経済学者ハンス・クリストフ・ヴィンスバイガーは、お金に利子がつく問題を指摘しています。利子が利子をうみ、お金が雪だるま式にふくれあがっていく問題にも取り組まなければ、私たちの社会を健康にすることはできません。お金がお金を生む社会の仕組みはおかしいのです。これからの社会のあり方を模索するとき、自分自身を生きる社会を考えるとき、お金の問題について、もっと考えを深めていかなければならないでしょう。

子どもたちが息をしやすい、文字通り生きやすい社会を作ろうとすれば、私たちはお金の本質を問い、お金のありようについて考え、世界をわが意のままに操っている投機家たちのマネーゲームをやめさせ、正当に働いている人に正当なお金が入るような社会をつくっていかなければならないのです。

◆賢治の学校の実践

賢治の学校では、人の心を支配するためのお金ではなく、人と人とをつないでいく役割を果たす地域通貨としてのお金のシステムを取り入れています。円とは関係のない「ポラン」という通貨をつくって、物や労働と交換することを始めました。また、何が生きる上で大事なのか、今を生きることを最優先にして生きていく生活をすることを大事にしています。今を生きることを保障された子どもたちなら、この社会を変えていくこともできるようになるでしょう。本当に生きるということを経験すると、からだは生きることを最優先し、止まらなくなっていくからです。

どんな分野であろうと、成功した人は、「成功するまでには、大変な苦労をした」とよく言いますが、それは嘘です。他人から見たらどれだけ苦労しているように見えても、本人にとっては面白かったのではないでしょうか。お金を度外視し、時間を忘れて何かに打ち込むことが、楽しかったのだろうと思います。そういうふうに生きはじめたからだは、翌日のことなど考えず、一晩中本を読みふけったり、物を作ったり、作品を書いたりすることをやってしまいます。

ところが、そういうからだが増えると、会社は成り立たなくなってしまいます。そうならないため、時間の枠のなかにいれて、制限してきたのです。そうしてつくった、人の言うことを聞くからだを、会社というおりのなかに閉じ込め、外の世界を見せないように操作してきたというのは言い過ぎでしょうか。

まったく寝ない日があっても、次の日は一日ぐっすり眠って、さわやかになったからだで新たな創作にうちこみ、生活に必要なだけのお金もかせぎながら、人と関わるおもしろさも味わいながら生きていくことはできるのです。こういう中で人と関わる厄介さが生まれてきても、それを自分を豊かにする事件に変えることもできますし、自分がしたいことがあれば乗り越えていくことができます。その厄介さがあるからこそ、人それぞれの違いの豊かさを感じとれ、それが面白さに変わっていくのです。

本当にやりたいことをやることを保障するのではなく、食べ物や着る物などをたくさん与えられても、本当のところは人は幸せではなく、生きている感じもしないのです。本当にやりたいことをやりはじめたら、どんな苦労でも克服できるのです。自分が登りたければ、どんな重い荷物を背負っても山に登るし、北極や南極にでも行くのです。本当にやりたいことは、自分の外にあるわけではありません。今を生きるということを保障すると、社会は大きく変わっていくように思います。

また、賢治の学校では、そのときそのときにやってくる人のからだが何を望んでいるのか、何をしたいのかを注意深く見ています。また、その前の段階で、傷つき、疲れてしまったからだを癒すことをしています。癒す方法としては、何もしないかたちの癒しもありますが、どうして自分は疲れてしまったのか、ワークなどを通してはっきりさせ、癒しの糸口を見つけることもやっています。また、何を言っても否定されないという関係のなかで、自分を語るということが保障される場をもつこともあれば、今まで出せなかった感情を表現したり、自然農でお米や野菜をつくったりなどして癒していく人もいます。

あるいは、人によっては、実際に痛む場所に手当てすることでほっと一息つき、自分で自分を受け入れていくことによって、自分の傷は傷として自覚しながら、その傷の深い意味から人生の課題を見つけ出す人もいます。また、傷つけられた人の話を聞きながら、自分が傷ついたことを振り返って共感し、共感する相手がいるなかで癒されていくこともあります。

自分はやりたかったのに、周りの人から「金にもならないようなことをするな」「そんなことをしていても食べていけないぞ」と言われたためにできなかったことを、ゆっくりと自分の時間のなかでやってみたり、何人かでチームをつくって同じテーマで動いてみたり、何を言われても自分が言いたいことを言いつくすというなかで癒されることもあります。それが演劇や歌、詩の朗読につながっていく人もいるのです。癒されていない傷があるからといって、すべての傷を癒さなければいけないということではありません。満たされないものがあるからこそ、音楽や絵やもろもろの芸術が生まれてくるのです。

そういったことを一人でするのが向いている人もいれば、何人かで取り組むと、おたがいの面白さが分かってきて、なかなか人もいいものだな、一人でやるよりも楽しいなといったことにからだが気づいていくことが癒しになる人もいるのです。大切なことは、どちらがいいということではなく、それぞれのからだがいま望んでいることを自分につねに保障してやることです。

◆からだに嘘をつかない

賢治の学校の小学部では、国語、算数、理科、社会といった勉強も教えています。教師は教え

ることだけに満足するのではなく、子どもから疑問を投げかけられることによって、一緒に学び、

深まっていくことができるのです。そういうふうになってはじめて、子どもは「この先生はなか

なかおもしろいな」と、心を開いていくのです。その相互作用として、教師の心もさらに開いて

いくのです。

賢治の学校の教師のなかには、公立学校で生徒を取り締まるようなことばかりさせられ、疲れてしまった人もいますし、公立学校では本当の教育はできないと思った人もいます。かれらは、公立学校ではできなかった、一人ひとりの子どものからだの道筋にそった授業をつくり出していこうとしています。そういう教育を受けた子どもが、将来、自分勝手なだけの人間になるか、他人のことも同時に感じながら生きていくことができる人間になるかを実験していると言うこともできるでしょうが、実験するまでもなく、このことは証明されています。

大人が人とつながっていないと、子どもに人とつながることを伝えることはなかなか大変です。多くの学校の中では、教師たちのすべてが人とつながって生きているわけではありません。ただまわりに合わせているだけの人もいるでしょう。また、みんながお互いを信頼し合っているわけでもありません。しかもたくさんの子どもを受け持たされて疲れているでしょうし、無力感も持っているかもしれません。教師の無力感のもとでは、子どもたちが育つはずがありません。賢治の学校は少人数クラスですから、教師が一人ひとりの子どもの声を聞く量が多くなり、それが子どもの人と関わろうとする心を育くんでいくことになっていきます。

子ども一人ひとりのからだの声を聞き、同時に教師も自分自身のからだの声を聞くという行為

が一つになっていくのです。からだに嘘をつかないところで生きたときに、人は人とつながり、共に生きていけるというからだへの信頼を得ることができます。教師たち一人ひとりが自分のからだの声に沿って生き、人が生きられるということを体験してこそ、子どもが視野に入ってくるようになるのです。

すべての問題は、教師のからだにはじまり、教師のからだに終わります。親のからだにはじまり、親のからだに終わります。子どもには何の問題もないのです。教師や親のからだが自由になった分、本当のところを教師や親が生きるようになった分だけ子どもは正直になれるし、自分のいのちを生きることもできるようになるのです。それは日々の子どもの反応を見ているとよく分かるのです。

◆自然破壊の影響

科学の発達によって、現在では遺伝子を手がかりに人類のルーツをたどることができるようになりました。アフリカに起源をもつ人類が、定住していくさきざきの土地の気候に適応して多様に姿形を変えていったのは、わずか二万年前だと言われています。アジア大陸に住みついたのがモンゴロイドですが、多くはその流れをくむ私たちのからだには、遺伝子の中に記憶された狩猟採集の時代の記憶が引き継がれているように思います。農耕時代以降も、数多くの祠《ほこら》や神社、寺院などが作られましたが、そういった歴史の流れを見ても、現在よりも豊かな精神生活を送っていた時代が日本にもあったのではないでしょうか。

NHKの番組で、遺伝子について取り上げていました。ある青年が、図書館でたまたま開いた本に載っていた彫刻の写真と砂澤ビッキという作者の名前を目にした瞬間、それをつくったのは幼いころ離れ離れになった自分の父にちがいないと直感したと言います。青年とは加納沖さんです。両親が離婚し、彼はお母さんと一緒に北海道から静岡に引っ越しました。その後、一度も父親に会った事がなかったのに、一枚の写真を見ただけで、全身が震えるような感動を覚えたというのです。

実の父親がアイヌ出身であることを知った加納さんは、お父さんを訪ねて北海道に行くのですが、彼はその過程で精神的にとても落ち着いていきます。自分のルーツにつながる一本のすじがようやく見え、自分の生きていく道が定まったからです。私はこの青年に限らず、すべての子どもたちが、今、それを探す旅をしているように思えるのです。そこまで行き着く一つの手段として、人間のからだの奥深くに宿る、自然を敬《うやま》い、自然のなかに神を見ていた太古の記憶が、自然破壊を人類の自滅寸前にまで推し進めてきた社会に対して、反乱を起こしているように思えます。その一端として、自然破壊に加担するような企業で働く親の生き方そのものを、子どもたちが問いはじめているのではないでしょうか。

こういった動きは、世界中で同時発生したかのようなタイミングで見られるようになりました。なかでも、いちばん先にこの動きが「精神世界の見直し」というかたちで表面化したのはアメリカです。もっとも物質的に豊かになった国で、物質世界へのアンチテーゼとして、「もっと精神世界に目を向けろ。お前の魂が本当にやりたいのは何なのか」という問いかけが始まったのは当然のことです。今やそれは全世界に広がり、どの国の人間にも同じような問いかけがやってきています。ここにいたって、ようやく人類は、ごく普通の人も「人間とは何か」という問いを追求していく材料を手にすることができるようになったのです。これはじつに興味深いできごとです。

日本で起きているさまざまな心の問題も、その根を掘り下げていくと、深いところで自然破壊にもつながっています。人間の破壊と自然の破壊。その当然の帰結として、家族や学校、社会が崩壊しているのです。人間のからだは、本当に充足することが何かということを、遺伝子の中に記憶として持っているように思います。

◆人間も自然の一部

狩猟・採集の生活を送っていた頃、人類は日常的に自然の力を身近に感じるところにからだをさらしていました。いったん自然が荒れ狂うと、木の実も動物もとれなくなり、すぐに食べるものに困り、死と向き合うことになっていくような中で生きてきたのです。自然の恵みの一部が人間にも与えられている、人間も自然の一部にすぎないということが、からだの実感として分かります。

また、自分たちが食べるために殺している多くの動物と同じように、人間もいつかは死ぬことを実感していれば、自分を生かしてくれる大いなる宇宙、あるいは神とも呼ばれる存在に対して、深い畏敬の念を抱くようになります。全知全能の神といった考え方はキリスト教を背景にしていると思いますが、仏教や神道の中にはそういう思想は現われません。おそらく、仏教や神道の精神をベースにした社会では、現在のような物質世界はつくれなかったでしょう。

近代的な資本主義社会を推し進めるうえで仏教が邪魔だったからこそ、明治政府は一八六八年の神仏分離令にともなう廃仏棄釈で徹底的に仏教を叩き、人為的に「天皇」という絶対的な存在をつくりあげ、その名のもとにあらゆる事が遂行していきやすくなる、金回りのいい社会のシステムをつくろうとしたのです。そして、それを推し進めていくための人的資源の開発のために学校が作られたのですから、もともと学校は人間の真の幸福の追求の場などではなかったのです。それらの政策のすべてが行き着いたかたちが、現代社会です。

廃仏棄釈から一三〇年ほど経過し、資本主義という社会の構造、あるいは自然を壊してものをつくることが自分のからだにとって苦しいということがようやく分かったのです。しかし、これまでの歴史は、何が本当に大切なのかを分かるために必要なプロセスだったといえるかも知れません。

引きこもっている子どもや不登校の子どもは、自分がそんなふうになった本当の理由や、社会に合わせ、利用されるために学校に行かされていたことになかなか気づくことができません。子どもたちがそうなった原因を、親たちがただ「学校が悪い」「親が悪い」「社会が悪い」と見ている間は、真実は見えないのです。大人や親が、まずは自分自身のやっていることに目覚めることで、その気づきはうながされるのです。自分の外側に原因を探そうとするのではなく、私たちがつくっている社会と自分のいのちとの関わりを見つめ、この社会や学校が自分の心のあらわれとして存在していることに気づかなければ、どうすればいいのかその糸口は見えてこないでしょう。

学校や社会のもともとの出発点が人のいのちを生かすようなかたちでできていないことにしっかりと目を向けることが必要なのです。

◆私に訪れた転機

私は、私自身があらゆることに対してがんばっていたため、子どもたちと向かい合っている自分が本当のところは子どもたちのがんばっている部分しか共有できなくなっていた時期がありました。そういう自分のがんばりや嘘をやめようと、竹内演劇研究所を主宰していた竹内敏晴さんや、野口整体の野口晴哉先生、野口体操の野口三千三先生の力を借りました。そこで私は私自身に正直になって、がんばりすぎたことから起きた緊張しすぎるからだをゆるめ、心の傷の手当てを自分でしていったのです。

私も二人の子どもの母親です。自分の子どもの面倒も見ます。子どもが二人つづけてはしかにかかったこともありました。そんなとき、学校を休みつづけるわけにはいかないので、あとから発病した子どもを背負って学校に行き、授業もしました。私は、そんな私の中に、自分に正直になっていない、がんばることで自分を正当化している自分がいることをずっと感じていました。そこで私は、和広が八歳、雅代が七歳のとき、先の三人の先生たちのレッスンや操法を受けたのです。ただし、野口晴哉先生は亡くなられていたため、別の先生の講座を受けました。その後、息子が十歳、娘が九歳になると、私は自分が「混沌の状態」になるのを許し、今までの自分を全部ひっくりかえして洗いなおしてみる仕事に突入しました。

そういう私を、親たちや友人、近所の人たちが助け、支えてくれました。また、学校では一見、四面楚歌の状態になったこともありましたが、どんどんリラックスしていく私は、自分の声を取り戻し、自分の言葉を持ち、人の声を聞き分ける力をつけていったため、関係は柔らかくなっていきました。すると、クラスの子どもが自分に正直に生きているかどうかも伝わってくるようになり、同僚たちのからだの叫びも聞こえるようになりました。同僚が私に対して怒っているように見えても、本当のところは私にではなく、その人自身がもっと自分らしく能力を発揮したいのに、それができないでいることに怒っていることが分かってきたりもして、私にとって、同僚はとても他人とは思えない存在に変わっていったのでした。

私は、私にぶつかってくる人を変えようと思ってはいませんでしたが、私が私自身を生きはじめてから、不思議なほど同僚たちが私の話に静かに耳を傾けてくれ、関係も変化していったのです。同じ学校に八年も九年もいると、話していることがみんなのなかにすうっと自然に入っていくようになっていきました。

自分をマンネリ化せず、正直に自分を立たせていると、たえず自分も周りも古くなったものは壊れて、新しく生まれていきます。壊れて、新しくなり続けることで、子どもたちが感じられ、見えてきます。ある子どもに対して、自分が変に意地を張ったり、かたくなになったり、いやだなと思ったりするということは、自分を見直す最大のチャンスが訪れているということです。自分が自分として生きることの内実がいつも問われているということが、今まで以上にクリアーになってきました。

第11章　子どものための教育

◆本当の教育

教育行政全体を子どものからだの視点でとらえなおし、自分は教師としてどう取り組むことができるのかという自分への問いかけが、教師には不足しているように思います。目の前の子どもが自分の意図したことに応えているかどうかに気をとられ、あるいは自信をつけて元気になってくれれば自分がいいことをしたように感じて、教育全体を、さらには未来の子どもたちのことも含めて考えてこなかったのではないでしょうか。自分のからだやクラスをいまどうするかで精一杯にして、一人ひとりの子どもの五年、十年先のことを考えて授業をつくること、子どもと向き合うことをしてこなかったのではないでしょうか。

子どもたちのからだにいま起きているさまざまな問題は、教師や親が子どもを見る目がなかったことが原因です。「何が本当の教育なのか考えろ」というメッセージとして受け止め、取り組むまで続くということに私たちは早く気づかなければならないでしょう。すべての問題は、起きるべくして起き、事の本質、事そのものからのメッセージを、大人たちが全身全霊で感じ取れる次元に立つことができるようになるためのものでもあると考えられます。

起きてしまったことを嘆いたり、責めたりするだけでは、事の本質から離れていくばかりなのです。それよりも、自分自身の問題が何なのかをそこから整理し、これからどう取り組めばいいのかを考える姿勢を自分の内側に育てなければならないのだと思います。こう考えていくと、あらゆる出来事は、私たちが自分の問題の本質に気づいていくために必要なプロセスとして起きていることが分かってきます。

いま子どもたちは何を学びたがっているからだなのか、どんな授業が必要なのか、どんな形態をとらなければならないのか、教師の資質で大切なことは何なのかなど、それら全体を取り上げ、しっかり見て、いまの自分や社会を、自分のからだでとらえなおしてみる必要があります。また、待ったなしで子どもの身にふりかかっている行政全体の状況をどう変えていけば子どものいのちの道に沿った教育ができる可能性が広がっていくのかを問う必要があります。さらに、「公教育」についても、その時代時代のパブリックにとどまるのではなく、本当の「公」、つまり時代を超えた、普遍的な「公」を創造する必要があるところにきているように思います。

これまで教育は、その時代の俗的なところに振り回されつづけてきました。教育は、本当に子どもたちのことを考えてつくられてきたわけではありません。子どもたちは、この社会を作り、支えていくための人的資源としてしかとらえられてこなかったのです。親も教師も含め、すべての大人たちは、だれ一人として、本気で、深く、広く、普遍的な子どもの幸せを追求してこなかったのです。自分が受けてきたさまざまなことがはたしてどうだったのか見直そうとせず、まったく同じことを子どもに対してしてみたり、少し手直ししてやってみたりしていただけなのです。

また、本当のことを学ぶことが嫌いな人が教師になっていることも大きな問題です。学ぶことの面白さを感じたことがない、つまらないものだと思っている人が、教師のかなりな部分を占めるのではないでしょうか。学問と勉強の区別のできない人が教師になると、「勉強」といわれるものを本当の学びの場にすることができないのです。そういう教師が、学ぶことの面白さを子どもに体験させるのは難しいでしょう。

いまでは、教師になろうとすると、大変な競争率をくぐり抜けて、教員試験に合格しなければならなくなっています。そういうふるいにかけられるまでに、さんざん心を壊されてしまい、勉強ができることを強要された人が、学ぶことのダイナミックな面白さを子どもに体験させる授業をつくることができるかどうか、おおいに疑問となるところです。

最近、ある小学五年生から、担任の先生がいつも怒っていて、笑ったこともないという話を聞きました。その先生は、給食の時間になると、一人でぶつぶつつぶやきながら食事をしているそうなのです。一番前の席に座っている彼は、いったい先生が何を言っているのか、耳を澄ましてみました。すると、なんと聞こえてきたのは、自分のクラスの子どもたちに対する片っ端からの悪口だったというのです。そこまで心を病んでしまっているのに、教師という仕事にたずさわっている担任をどうしたらいいのか、その子の母親が私に相談したのです。

こういうふうに被害妄想になっていたり、そのほかにも一見健康そうに見えるのに心を病んでいて、とても子どもの教育などできない教師がたくさんいるように思います。そういう教師は、教師の場をおりるべきです。子どもの教育よりも、まずはカウンセラーにかかったり、さまざまな人の力を借りて、自分の問題に取り組まなければなりません。また、教師は、学校の中で、その時々に子どもとの間に面白い時間をもつことができても、そういうところに甘んじることはできません。いま自分がしたことが子どものからだに何を残し、その子どもの将来にどんな意味をもっているのかもたえず吟味しなければなりません。

いま、多くの教師は自分の問題に取り組む時間を最優先しなければ、学校の中で起きている問題の本質に迫れないでしょう。子どもたちに起きてくるさまざまな問題の悪循環は続くでしょう。もちろん、とてもそれをやるだけの時間が教師には用意されていませんし、教師自身がそれをやるだけの力をもつように育てられていません。ですから、ほとんどの教師が、来る日も来る日も、目の前のことをどうこなしていくかに追われる生活を送ることができるのです。何とか自力で解決しようと一人ひとりが取り組もうとしないこと自体が、病いの現われなのです。

その日の予定をスムーズに消化することで精一杯の状態では、一人ひとりの子どもの心の中にどんな葛藤が起き、どういう状態になっているのかということはとても感じ取ることはできないでしょう。自分自身を見つめていない教師には、あるいはそういう時間的余裕も場も与えられていない教師には、そういったことは見えないのです。それは親自身も同じです。

◆どうして教師になったのか

一九六四年に私は教師になりました。当時は、一、二年の間だけ教師をしたら、辞めるつもりだったのです。最初に担任したのが五年生のクラスでしたから、五年、六年と持ち上がって担任し、二年間で辞めるつもりでした。山の中の学校で、私のクラスの子どもは十二人でした。よく聞き、よく学び、よく働く子どもたちでした。

私にとって教師になっていちばん大変だったことは、授業をすることでした。明日の授業をどうするかということで、毎日頭がいっぱいでした。とくに社会科や理科の授業をするためにはさまざまなことを学ぶ必要があり、とても準備が大変でしたから、この二つの教科がいつも後回しになりました。小学生相手の授業では、言葉のごまかしがききません。よほど教師が本格的に学び、理解していないと、授業はできないのです。

私は、教科書に書いてあることを、授業でそのまま教えたことはありません。それはきっと私が大学の教育実習のときに世話になった先生の授業のやり方の影響を受けているからでしょう。香川大学坂出付属小学校で教育実習を受けたのですが、いま思い出しても、三年生を担任していた私の指導教官の先生の授業は、質が高かったように思います。

ある社会科の資料を読み込んでいく授業の時でした。先生は一言も話さないで、ただ資料だけを黒板に提示しました。子どもたちに沈黙と深い集中が起こりました。子どもたちは資料を見て、資料から読み取れるかぎりのことを発言していきました。その間、先生は何も言いません。みんなの発言の要点を黒板に書いていきます。しばらく子どもたちが盛んに発言するのを聞いたあと、先生は子どもたちの発言をくつがえすような新しい資料を提示しました。そうされると、子どもたちのなかでまた新しい思考が始まっていきます。大学の付属小学校ということもあって、考えることが好きな子どもが集まっていたからこそそういう授業ができた面もあったのでしょうが、もちろんそれだけではありません。

一時間のうちに五回にわたって資料が提示され、最後の資料になったときにチャイムがなりました。子どもたちの集中力と思考の深さがはっきり見え、本当に面白い授業で、子どもというものはすごいものだと深く心に残りました。この授業がなければ、子どもたち自身も引き出さなかったであろう自分の能力に触れて、喜んでいる子どものからだを目のあたりにして、私は尊くまぶしいものを見るような心持ちになっていました。この先生の持っている力と、子どもたちの学びの質が、私のからだに最初に刻み込まれたのです。

それでも私は教師になるつもりはありませんでした。日中友好協会で中国と日本の友好運動をやっていく架け橋になるために生きようと思っていましたから、そのために中国と日本の貿易をやっている極東書店に就職を決めていました。卒業することになって、両親がとにかく教師になってほしいと言いだしました。その瞬間、教育実習で体験した崇高な感覚がからだによみがえりました。日中友好運動を進めていくことを決めていた自分を納得させるために、私の頭はこう考えることにしました。「一、二年教師をすれば両親も納得するだろうし、あの時の教育実習を面白く感じた自分の気も済むだろう」と。

でも、そう思ったときには、東京都以外の県の教員採用試験は終わっていました。それで東京都の試験を受けることにしたのですが、最初はそれでも迷っていて、第一次募集の一次試験に受かったのに、二次試験は受けないまま、試験に落ちたと親に告げました。でも、嘘がばれてしまって、両親がとても残念がったのです。私の父は弟が教師で、母は兄が教師です。母は兄に教師になるよう勧められたのですが、反発して教師にはならず、両親は搾油業を営んで五人の子どもを大変苦労して育ててきたのです。それでも、やはり搾油は重労働ということもあり、公務員がいいと思っていたようです。親が言ったことをきっかけとして、ほんの少しの間だけ教師になってみてもいいかなと、からだは方向転換することを決めていきました。

◆授業ほど面白いものはない

結局、第二次募集の採用試験を受けて、私は青梅第十小学校に赴任しました。赴任先の希望として、できるだけ山の中の自然の豊かな学校を希望したところ、本当に山の中の学校になりました。私は、大学時代、寝る間も惜しんで学生運動を続けたため、すっかりからだを壊していて、医者から「あなたは一生子どもは産めないでしょう」と言われるような状態だったのです。

当時、政府は日米安保条約、大学管理法、農業基本法といった具合に、私が望む方向とはまったく違う方向に動いていくために、大学の四年間、平和運動、学生運動、日中・日朝友好運動、労働運動に、卒業する寸前まで本気になって取り組みました。そういう私でしたから、教師になった当初から、国の教育行政にはとても関心がありました。行政のすることが本当に子どものためになっているのかどうかをさぐる触覚を敏感に働かせていました。

まず私は教科書の内容に関心を持ちました。どういう授業をするかについては、よく教師が参考にする教科別の指導書というものがあり、要求しなくても当然のように配られます。そこには教科書に沿った指導の仕方はこれを参考にしなさいと言わんばかりに書かれているのです。しかし、私は指導書に書かれている内容には納得がいきませんでした。教育実習で体験した授業が念頭にありましたから、そこに書かれている授業の質はお話にならないと思ったのです。私は、教育実習を通して、一時間の授業をするためには大変な調査、研究、学びをしなければならないということを十分味わっていました。

国語とは何を教えるのか、算数とは何を教えるのかといった一つひとつが、大変なことになりました。私は自分の授業を、つねに親や教師たちに公開していました。参観日にかぎらず、いつでも自由に授業を参観できるようにし、親とよく話をしましたし、学級通信も毎日出していました。指導案を書いて授業を公開する研究授業も、できるかぎりたくさん自分から引き受けました。それぞれの学期に一度ずつ研究授業をしたり、一年に一度だけの割り当てのときは、かならず三学期を希望していました。三学期に研究授業を引き受けるということは、一学期からその授業に向けて準備を積み上げていくことを自分に油断なく課す必要が生まれるからです。

それまで大学生を相手にしていた私にとって、小学生の子どもたちのからだは、はるかにいきいきしているように感じられました。当時の大学生は今よりもずっと元気でしたが、さらに小学生は元気だったのです。また、大学ではたくさんの議論をしましたが、言葉のやりとりで間に合いました。でも小さな子どもには、そんな抽象的な言葉はまったく通用しません。そこが面白いところで、私は自分が本当に分かっているかどうかを試されることになりました。「分かる」とは一体どういうことなのかということが、授業をつくっていく上での大きなキーワードになっていきました。これは今も考えつづけているキーワードです。

授業を通して何かを子どもたちに伝えようとする場合、それぞれの子どもの生活のなかで、子どもはいったい何を学んできたのかということを、たえず見るようになっていきました。そういう「そもそも授業とは何ぞや」ということが、ずっと私の問いになっていったのです。

私は、私と子どもがつくり出していく授業の中に教科書を位置づけていましたから、教科書に書いてあるくらいのことは、一年の間に教え終えていました。そのことはそう難しいことではありませんでした。なぜなら、子どもたちのからだの、本当のことを知りたいという興味、関心のほうが、教科書をはるかに超えて、広く、深いものでしたから。こういう子どもたちとの日常の授業の中で、私は日々子どものからだへの信頼をより確かなものにしていきました。

◆子どもに必要な授業

「わが子が『勉強』さえしてくれればほっとする」という時代を迎えて、学校のやるべき仕事は大きな改革を必要とする時代に突入しました。子どもたちの日常生活に大きな変化が現われました。生きていくために必要な生活の知恵が親から子に受け継がれなくなり、子どもたちのからだは生産者としての親の世界から切り離されて、消費者としての生活の世界にだけしか身を置けない状況へと完全に移行したのです。農家の子どもたちでさえ麦と米の区別ができず、魚の切り身が泳いでいると思う子どもが現われたり、自分が食べているものがどうやってつくられているのか、どんな経路を通るのかさえまったく分からないという子どもが、いや教師さえ珍しくなくなったのです。

そういう環境の大きな変化の中で、子どもたちの多くは食べているもののいのちの実感だけでなく、自分や友だち、動植物のいのちの存在さえ実感することができにくい鈍いからだになっていきました。そういう環境や社会の変化は、人間の心や意識に大きな変化を与え、生きていることがリアルでなくなり、自分自身を生きられない「存在への不安」をつのらせたからだは、当然のなりゆきとして、自殺や暴力、いじめといった現象を多発させていきました。

そこで私の授業も一歩も二歩も子どものからだと心、いのちそのものに踏み込まざるを得なくなりました。鶏を食べる授業や、豚を食べる授業をする必要を強く感じるようになったのです。農業や物をつくる授業を通して、自分なりに何かを作って、その体験から子どもが考えていくといった授業を手さぐりでつくり出すことの大切さを切実に感じるようになりました。

そんな私の授業に何かが欠けていると長い間気になっていました。「社会科の授業をつくる会」に出会い、続いて演出家の竹内敏晴さんや野口三千三さんの野口体操、野口晴哉さんの野口整体と出会うことによって、それが何なのかを直観し、ある部分は言葉化していきました。一九七四年から、それらの人たちとの出会いを通して、授業の幅と質が飛躍的に広がり、変化していきました。それまでよりずっと子どものからだと心を見るようになり、その流れのなかに教科書を位置づけるという方法が、私のなかでさらに鮮明になってきたのです。それがさまざまな物をつくる授業を展開していくことにつながっていくのです。

物をつくる場合、何をつくるかが重要になってきます。幸い私は小さいときから田舎で育ちましたから、たとえば農業に関するたくさんの労働を実際に体験したり、見たり、聞いたりしていました。そういう生きていくための生活の知恵や技術というものが私のからだをつくり、世界の見方、人間の見方、ものの見方のベースをつくっていたのです。ですから、そういう体験が次世代への体験へとつながっていくそのつながりが途切れてしまったからだと、そういう技術を継承しているからだとの違いをはっきり見ることができるのです。

私の世代は、今よりもはるかに自分のからだや心のおもむくままに、子どもが自分で判断して、好きなように動けていた時代でした。とはいえ、もちろん親によって大きな差はあったでしょう。しかし、時代は、子どもがさまざまな生産分野の体験をしてみる場を次々に奪っていきました。この国の産業を支える優秀な労働力になるよう、できるだけ最短距離を通って、効率よく時代の要請に合わせて動いていけるように、子どもの頭やからだを操作していきました。

社会や学校や親の要求に合わせ、自分自身の生を生きられなくなった子どものからだは、精気を奪われていきました。そういう子どものからだの異常さ、不自然さを、私のからだははっきりと感じとっていました。ところが、今の若い教師は、もともと元気がなくて当たり前の時代に育っていますから、内面が正直な感情で豊かに動く本当に元気な子どもとはどういう状態か、分からなくなってきているように思います。表面の表情や動きだけしか見えず、私の世代とは子どものからだの状態を感じ取る次元がずいぶん違ってきているように思えてなりません。

いま、子どもたちは本心を出せず、その感情がある一定の振幅で制御されすぎているために、呼吸が浅くなってきています。それはますます自分をも他者をも感じ取る力を弱め、そのストレスは、キレルという手段で一気に解消しようと、その出口をうかがっているようです。こういう子どもたちの思考は、どう変わっていっているのでしょう。行動と感情をベースにして、それを積み重ね、はじめて思考を可能にするからだは、自由な行動や体験、感情を抑制されていたのでは、思考へと飛躍していけません。

面白いはずの理科や数学の授業がすっかり子どもたちにいやがられるようになったのは、そのからだの必然があります。子どもたちのからだと無縁な形の授業であったり、思考へ至るベースになる生活、体験、自然のなかでの体験、つまり行動が少なくなってきていることと深く関連しているように思えます。また、いま、そのからだがすぐに欲していない内容の理科や数学になっていることの問題も大きいでしょう。一九九九年十二月七日に文部省が発表した子どもの理数科のレベルが落ちている結果についてテレビ番組で取り上げ、子どもたちにインタヴューしていましたが、「数学を何のために勉強するのか分からない。足し算、引き算、割り算、掛け算だけできれば生きていくのに間に合うでしょう」と、笑いながら答えていました。子どものからだはこれからの自分の生活の中で本当に必要な学びだけを求めており、点数のために生きたくないという選択をしているようです。

また、自分のなかに閉じこもってしまっている子どもたちに必要な授業とは、いったい何なのでしょうか。目の前にいる子どものからだにとって何が必要かということを一人ひとりの教師が自分のからだを通して本気で見つけ出さなければなりません。このことこそが教師の仕事であり、これをつくりだしていくことこそが本当に面白く、やりがいのある、しかし大変なことなのです。誰かの授業のまねではなく、自分が子どもと関わって、つくり出すのです。それなのに教師のからだが子どもと関わり、創造的になっていくことの大切さが分かっていない行政側は、教師にそのことを可能にしやすい時間的な余裕をはじめとするさまざまな状況を用意していないのです。

◆だから子どもは面白い

私は、一九七〇年の中頃になって、どうしてこんなに学校というところが期待されるのだろうと、不思議に思うようになりました。私にとって、学校は、自分が知らないことや、そこでしか学べないことに触れさせてもらえるだけで十分で、あとは自分で必要なことを体験していくものと思っていましたから、あまり先生に期待しませんでした。それは大学を選ぶときも同じでした。学ぶ主体は私なのですから、学ぶ時間さえ保証してくれればどこでもよく、あとは本気で私が学べばいいだけの話ですから、あまりこだわる必要はなかったのです。

とはいえ、もしかしたら私の小中学校時代は、先生たちを問題にする必要がないくらい、プロ意識をもった先生に恵まれていたのかも知れません。担任になったことはなかったのですが、阿部千代子先生という先生を今でも覚えています。彼女は運動会などの体操の表現の指導者として、私たちに関わっていました。運動会が近くなると、石がごろごろ転がっているような神社の境内で、はだしで創作ダンスを指導してくれました。

阿部先生のダンスの作り方は、子どもの動きを見ていて、「その動き、いいね。それを取ろう」といった感じで、子どもたちのさまざまな動きをぱっぱっと構成して、一つの音楽に動きを付けていくのです。あれよあれよという間に、自分たちの何気ない動きが全体のみごとな動きを生み出していくのです。みんな手足の指先、爪先まで、本当にいきいきとした動きが生まれ、個としても全体としても心地よさの残る美しさが、動いている途中でも感じ取れるのです。そうです。私のからだはそのように動きたくて踊りたくて喜んでいるのです。その喜びが今もリアルに私のからだに残っていますから、阿部先生の力はたいしたものです。

また、阿部先生は、一回として同じことの繰り返しや、同じところにとどまることをしませんでした。本番になって、いままさに出場という時にも、「動きを変えます。こうしましょう」と言い出すような先生でした。この時は無意識でしたが、阿部先生は、私に授業をつくるということはこういうことだと教えてくれたように思います。教師になった私が、彼女とまったく同じことをしているのには驚くばかりです。私も、運動会などでいざ入場という段になって、突然子どもたちに変更を知らせたりしていましたから、私と組んで表現や創作授業をしている同僚は、「本当に大変だ」とよく言っていました。しかし、それは私にとって、ごく当たり前のことだったのです。

そういう私のやり方を、子どもたちはごく自然に受け入れました。子どもたちも同じところにとどまったまま、変化しないような表現はしたくないのです。子どもというものはたえず変化していく創造性を保障すると、本番になって、これまで創り出してきたものをくつがえしてしまうものなのです。

こんなことがありました。運動会です。一〇〇人を超える二年生の子どもたちが「スイミー」という創作ダンスをやりました。小さな魚たちがみんなで一つの大魚になって、大きな魚を追い出すシーンを表現したときのことです。練習中は、子どもたちがたくさん集まって、大きな魚をつくって動いていると、途中でどうしてもバラバラになってしまうものですから、バラバラにならないうちに中央に集まって、退場するまでの距離を短くしていたのです。

ところが子どもたちは、本番で「スイミー」全体を踊っているうちに気持ち良くなったのです。すっかりご機嫌になって、運動場を大きく一回りしはじめました。音楽のテープの長さが足りません。さあ大変、私はあわててテープを巻き戻しました。大きな拍手の中を、子どもたちは笑いながらバラバラになることなく、足並みをそろえて走っています。私は心から子どもたちに拍手しました。見事なものでした。退場してきた子どもたちに思わず尋ねました。

「ね、どうして一周したの？」

「だって気持ち良かったんだもん」

これだから、子どもは面白いのです。

◆からだの体験の大切さ

戦後、憲法ができ、みんなでこの平和憲法を世界に向かって実行していこうという使命を感じて、私は学校時代を送りました。社会をつくっていく問題意識は小学校高学年頃から芽生えていたように思いますが、家の仕事はあっても、一日中遊ぶことにも忙しい自由な子ども時代でした。野山で遊んでいるとき、川で遊んでいるとき、大人たちは誰も口出ししませんでした。山や川、池や田んぼがあり、雲がわき、光があふれ、雁は竿《さお》になり鉤《かぎ》になって空を渡っていき、夜にはふくろうが鳴き、澄みきった空気の豊かな自然の中で、私は思う存分遊びました。からだは自然の中で両手、両足をのびのびのばし、たくさんの自然のめぐみをいただき、遊び場も、遊び道具も、食べ物も、友だちにも恵まれ、不自由を感じることはありませんでした。

それぞれの季節を大切にする両親や祖母の生活のたたずまいには感謝と祈りがあり、それはきちんとしたものでした。古い家でしたが、いつもきちんと片づけていました。服も破れれば、母がすぐにつぎをあて、つくろってくれました。母はいまでもそういう生活を続けていますが、そういったことが、私が授業をつくる上で、私の生き方も含めてもとになっているのです。物を大事にすることをしなかった人や、自然の中でどれだけ人間がその恵みを受けて生きているかを体験していない人が教師になるということは、本当に大変なことだろうと思います。

子どものときにそういった体験をしなかった人が教師になるにはどうしたらいいのでしょうか。ちょっと乱暴な言い方ですが、私は、教師になりたい人は、自分のいのちが自然の中で危険にさらされるような体験や、第一次産業に従事し、自然の恵みの中で生産し、生活していく体験をたくさんする必要があるように思います。また、日本の伝統的な芸術やからだの使い方も、もう一度とらえなおして体験する必要があるように思います。また、子どもや親たちも、ある期間だけでもいいから、農業や、山や川や海の仕事、そしてそこから生まれた芸能を体験したほうがいいように思います。そうしなければ、親も何が自分や子どものからだにとって大切か、何を子どもたちに体験させたらいいのか、思いつかないのではないでしょうか。

これからの時代は、そういった体験をするような場をつくることを考えていかなければ、親や子ども、教師のからだや存在は、ますます透明になっていってしまうでしょう。こういう体験ができるシステムをつくらなければならない時期にすでに来ているのです。都会で生まれ育った教師が、都会で生まれ育った生徒を教える時、何がその教師に足りないのかを見ることのできる人たちの存在がどうしても必要です。

「いのちの教育」の必要性が問われていますが、「いのち」は抽象的なものではありません。自分の手で殺したものを食べずに、人が殺したものばかり食べていると、人間は駄目になってしまうように思います。自分の食べるものは自分で殺す生活を続けている人たちは、いのちというものに対して特別な気持ちを抱きつづけています。人間が食べるためだけに大量に飼育された動物を、食べる人の目に見えないところで殺して、パック詰めになった肉の切れ端を食べている状況が、「いのち」を、単なる「食材」に過ぎないものに変えてしまうのです。私は「食材」という言葉を初めて耳にしたとき、本当に驚き、深いショックを受けました。

私自身、海や川でおぼれかけたり、山で迷ったりして、何度も死にかけるような目に会いました。自然は優しいだけでなく、一瞬のうちにいのちを奪うほどの厳しさを持っていることを、このからだで体験しています。自分のからだひとつで生きるという経験をしていないと、自分のからだへの信頼がもてず、この時代の知識や情報を持っていないと生きていけないような気分にさせられてしまいます。からだがここにあるだけで生きていくのに十分だという考えにはなれなくなる洗脳を、すぐに受けてしまいがちになります。

からだは何かをする手段ではありません。からだそのものが呼吸しており、余計なことさえされなければ、生きるために必要なものを取り、いらないものを拒否し、あるいはいったん取り入れてはきだしたりするようにできているのです。からだは自然です。人間のからだは、自然の生き物そのものです。その人自身が体験していなくても、DNAの中に何億年もの記憶が蓄積されているわけですから、何かのきっかけさえあれば、不自然にされたからだも、自然を取り戻せるのです。

アメリカでも、一九六〇年代に入って、からだを取り戻す、あるいは魂のレベルで自分や世界をとらえることがブームになりました。日本語にも翻訳されているカルロス・カスタネダがヤキ・インディアンの呪師ドンファンからの教えを記録したシリーズが生まれたのは一九六〇年代後半です。アメリカだけでなく、日本も、いや世界中の人類の意識が、そういう霊的次元でのからだのメッセージを読み取って生きていく方向に流れていっているように思います。

◆教師は授業がいのち

私は一、二年で教師を辞めるはずだったのに、五年、六年生と持ち上がって子どもたちを教えていくうちに、教師という仕事が面白くなっていました。私が幸運だったのは、最初に担任したクラスが十二人だったということです。そのおかげで、一人ひとりの生徒を丁寧に見ることができ、子どもと関わることがどういうことかを考える余裕ができました。また、教師や学校とはどういうものか、仕事をするとはどういうことかを、子どもたち一人ひとりのからだをもとにして追求していくことができました。

国と国家というものを、私は分けて考えています。かつては、国家の政策として、子どもたちを戦争に連れていった時代がありました。それに対する反省が、私たちを育んでくれた教師たちの中にはありました。「国家にだまされてはならない」「一人ひとりが自分のからだで、頭で考え、日々の生活の中に実現していかなければならない」ということが、私の中には当たり前のこととしてありました。だからこそ、精神が本当に自由になること、あらゆる存在が平等であること、平和をどう実現していくのかということは、私にとって日常のありようすべてを通して点検し、見つめなければならないとても大きな課題でありつづけているのです。

「戦争反対」と言えば、平和になるわけではありません。政治、経済、文化を含めた社会全体の動きの中で、人間の心は形成されていきます。その全体を視野に入れて授業をつくり、人間は何なのか、なぜ大人たちはあの戦争をやってしまったのかといったことを考えていかなければ、「戦争に反対しましょう」と言うだけでは意味がありません。

私が母の子宮の中に誕生したのは昭和十六年の一月で、この世に誕生したのが十月です。そして私が生後二カ月余りのとき、太平洋戦争が始まったのです。当時、両親は何としても生まれたばかりの私のいのちを守ろうと思い、父は秘かに戦争反対の活動をしていました。また戦後も、両親は、成立したばかりの日本国憲法の平和の問題を、いちはやく私に話してくれました。そういった時代のなかで、両親の中にあった平和への強い希求を、私がそのまま受け継いでいるのだろうと思います。

私は中学、高校、大学と、平和運動を続けましたし、高校では自治会活動、大学でも学生自治会や新聞会での学生運動にうちこみました。社会は一人ひとりがしっかりしないと、国家の思うままに動かされてしまい、自分も知らないうちに国家の利益をあげるために利用されてしまうことが起きるという問題意識をいつも強く持っていたのです。国家のせいにして、そういう国家をつくった自分の責任を引き受けないという多くの親たち、大人たちを見るたび、自分も同じようにならないようにと、自分にたえず言い聞かせてきました。

その私が教師になったとき、さまざまな政治活動や組合活動といったものが私の前にやってきました。その時の私には、教師を続けるのであれば、授業で勝負できなければ、そういう活動をしても仕方がないという意識が非常に強くありました。それで運動をしている教師と対立することになりました。その人たちは、選挙のための票集めや、組合の活動といったレベルで私に色々な活動を提示して、会議に参加するよう呼びかけましたが、私はつねに明日の授業を優先しました。なぜなら、その人たちが国家の政策に対して色々な意見を持ってはいても、授業で自分のしていることを問わなければ、戦場に生徒を送った教師たちと同じ道を歩むことになるということを知っていたからです。

教師は授業がいのちです。子どもたち一人ひとりに全身全霊で自分のいのちを生きていく場を保障した時、子どもたちは自らのいのちを殺す方向には行かないだろうという確信が、どういうわけか私にはありました。人間というものは、自分の中の悪をしっかりと見て、そこから目をそらさずにいれば、善に向かうエネルギーも生まれてくるものなのではないかという思いが、私の中にあったのです。

人間を性善説、性悪説で見るという見方に私は子どものころから関心をもってきましたが、いまの私は人間は善悪で説明すべきではなく、その両方がいまの段階では必要なからだをしているように思っています。悪だけにも善だけにもとどまれない、どちらかにかたよるとダイナミックに生きる力がわいてこないような存在になっているように思えるのです。

一九九九年十一月二二日、若山春奈ちゃんという二歳の女の子が行方不明になり、顔見知りの主婦に殺されるという事件が起きました。十二月一日現在、まだ事件の全貌は明らかではありませんが、春奈ちゃんを殺した山田みつ子さんもそうだったように思えるのですが、自分の内の「悪」を否定して、「善」だけを求める人間になろうとしていると、突然、とんでもない「悪」が自分を占領してしまい、これまでの自分では想像もつかなかったことをやってしまうことが起きるように思えるのです。

終章　人を信じる力

◆胎内の記憶

親は、子どものことを、自分が産んだ、自分の子どもだと思っていますが、親子の関係とは本当にそういうものなのでしょうか。母親が、心の中で人に対して怒りや憎しみを感じるたび、胎内の子どもにその感情が伝わります。母親の胎内にいる間に体験したことが、子どもの心の傷になっている場に幾度となく立ち会ってきた私は、いつしか親子のただならない不思議な縁を感じるようになりました。

賢治の学校に来ているある男の子が、「どういうわけか、小さい頃から、『もうちょっと待って』という言葉が、いつも頭のなかでエンドレスで聞こえるんです」と言ったことがありました。その話を聞いた瞬間、私の頭に、彼が母親の胎内にいたころの姿が浮かびました。私はこういう瞬間にどこからかやってくるイメージをとても大切にしています。

彼のお母さんに、賢治の学校まで来てもらいました。「彼が生まれる時どうでしたか」と尋ねると、「無事に生まれました」とお母さんは応えます。「何かありませんでしたか」と聞いても、「ええ。とくに変わったことはありませんでした。予定日より少し遅れましたが、安産でした」と言われました。そこで、「何かあったと思います。よく思い出してください」と、再度思い出してもらいました。するとお母さんは、彼を妊娠中に、足だけでなく腰まで広がってきた静脈瘤《じょうみゃくりゅう》が痛くてたまらず、毎日毎日、一刻も早く生まれてほしいと願っていたことを突然思い出しました。

これで、「もうちょっと待って」の謎はとけました。「早く出て」と思いつづけている母親に対して、赤ちゃんは「もっとおなかの中にいたいよ。もうちょっと待って」と思っていたのです。下半身が痛くて、動くのもままならないため、一分一秒でも早く産んでしまいたかった母親に対して、赤ちゃんはまだ胎内で保護される必要を感じていました。おなかの中から出たくなかったのです。それなのにお母さんから「早く出て」とせかされ、「おなかの中にいたいだけ、ゆっくりいていいのよ」というメッセージがもらえませんでした。

お母さんにとっては、赤ちゃんは自分の下半身を痛める存在で、異物としてしか認識されていなかったということになります。子宮の中の彼は、お母さんが自分を十分受け止めてくれているようには感じられないばかりか、邪魔者扱いになっているわけですから、とても安心していられなかったのです。

子宮の中にいたときに何となく感じてきたわだかまりが言葉になるのは、言葉を獲得してからです。生まれたばかりの時は言葉になりませんが、たいてい三つくらいになると、感じていることを言葉にすることができるようになります。「もうちょっと待って」という声が言葉として聞こえるようになったのは、おそらくそのころだと思います。

彼のために、もう一度お母さんの子宮に戻って、生まれなおすワークをやりました。そのワークの最中に、不思議なことが起きました。彼に子宮がわりのクッションの上で横になってもらいました。彼がとった姿勢を見た瞬間、母親は息子を指さし、ポロリと「この子は生まれてからずっとこの姿勢で寝ているんですよ」と言ったのです。そのときは彼の恋人も立ち会っていたのですが、その女性も「彼はいつもその恰好で私の子宮のあたりにもぐり込んできます」と付け加えました。

もう一つ、謎が解けました。お母さんは、彼を産むとき、じつに大変な難産だったことを思い出したのです。陣痛微弱で、ついに鉗子《かんし》を使うことになりました。陣痛が起きるのは、赤ちゃんの側からの「生まれるよ」というサインで分泌されるホルモンの作用ですが、陣痛が微弱だったということは、このサイン自体にすでに迷いがあったということです。彼は、どんなに「もう少し待ってよ。もっと子宮の中にいたいよ」と叫んでいたことでしょう。こうして生まれてきた子どもは、お母さんの子宮の中に魂を半分残してきているのではないでしょうか。お母さんからどうしても離れられないからだになっているのではないでしょうか。

彼は出たくなかったから出なかったのですが、そのまま胎内にとどまると過熟児になって死んでしまいますから、彼もいのちがけです。それでも彼は出たくなかったのです。その思いが、彼の姿勢に現われていました。彼は左足をぐっと脇へ突き出していました。つまり、産道から出られないよう、子宮の内壁か産道に足をひっかけて、突っ張っているのです。そのうえ、へその緒をぐるぐる巻いてまで、「出たくない」と抵抗していたのです。この小さな胎児は、生まれ出る前から出たくない意思をはっきり表わしていたのです。

もう一度彼を子宮に戻し、ゆっくりゆっくり生まれ出るプロセスを用意しました。

不思議なことに、ワークの翌日から、彼のその姿勢はなくなりました。でも彼には、本当のところはまだ子宮から出たくない気持ちが強くあるように思います。彼自身も、この世に生まれてはきたけれど、魂をお母さんの子宮の中に半分ほど置いてきてしまったように感じているように思うのです。彼のお母さんは、仕事を辞めて彼と向き合う時間をもちました。その後、両親に言いたかったことを言っているうちに、彼は家を出て、独り暮らしを始めました。ところが最近になって、ふたたび家に戻っています。

やはり子宮に少し魂を残してきているのかもしれません。

◆ぼくはどうして生まれてきたの

徹《とおる》くんは九歳の男の子です。彼は三歳になったとき、お母さんに「お母さんはぼくがおなかにいたころ、親戚のみんなから嫌われていたでしょう」と言ったそうです。お母さんはびっくりしました。

じつは親戚じゅうに出産を反対されていたのです。妊娠七カ月のとき、無理やり病院に連れていかれました。診察台に載せられ、堕胎のための陣痛促進剤を打たれる寸前に、彼女ははだしで病院を飛び出しています。身の危険を感じていた彼女は、バッグの中に包丁を忍ばせていました。病院から逃げ出した彼女を、親戚の人が追いかけてきます。彼女は大きな木の影に隠れて、包丁の先を外側に向けて構えていました。幸い彼らは気づかず、通りすぎていきました。

その後、家に帰れなくなった彼女は、夫とともに上京することにしました。しかし、部屋を借りるあてもお金もありません。やっと部屋が見つかったのは、出産の二週間前だったそうです。入院するお金はなかったので、助産婦さんに来てもらいました。赤ちゃんの頭が出かかっているのに、それ以上いっこうに出てこないため、助産婦さんは「自分の力ではどうしようもない」と彼女に告げました。

彼女は、その状態のまま近くの病院に行ったのですが、お医者さんは、「いのちの保証はできません」とはっきり言ったそうです。それでも彼女は、「どうなっても文句は言いませんから、なんとか産ませてください」と頼みました。そこで、石のように固くなっていた彼女のおなかを、看護婦さんが二人がかりで上から押さえ、やっとのことで赤ちゃんを押し出しました。出てきた赤ちゃんは、首のまわりにへその緒がいくえにも巻きついていたそうですが、何となく光っていたというのです。

彼女はそのときのことをひとつも息子に話さなかったのに、突然、三歳になったわが子が、「お母さんはぼくがお腹にいたころ、みんなから嫌われていたでしょう」と言いだしたのです。

こうして生まれた徹くんは、学校という場所があいませんでした。学校は、彼の関心に応えてくれる場ではなかったのです。どうしてこういうことが分かったかというと、賢治の学校で一般の人にも参加を呼びかけた授業を始める日、私は教室に入りました。すると、子どもたちがさわいでいたのです。そこで、私は思わず「人間はどこで話を聞くのでしょう」と子どもたちに問いかけました。すると、はじめて賢治の学校に来た徹くんが強く反応し、人間の心と魂と精神の話を、実演をまじえながら説明してくれたのです。

彼は自分が何を学びたいか、とてもはっきりしている子どもでした。彼は、いのちとは何か、自分がお母さんのおなかにいたことも含めて、どうして生まれてきたのかということに強い興味があったのです。そのことを考えることにつきあってくれなければ、他のことを学びたい気が起きないほど、強い関心があるテーマだったのです。ところが、学校というところは、いきなり集団行動をさせたり、教科書の内容にそった授業をはじめるため、彼が学びたいことからかけ離れていたのです。

彼のお母さんは、「徹は『どうしてブッダは苦行を止めて悟ることができたのに、苦行をしないぼくたちは悟ることができないの』と、私に尋ねました」と話してくれました。最近、そういう子どもが賢治の学校やその周辺では増えてきています。彼のような関心をもっている子どもは、今でこそ突出しているように見えますが、そう遠くない将来、普通になると思います。

いまの子どもたちの中には、昔の子どもたちほど、言葉ではだまされにくくなっている子が増えてきているように思えます。また子どもたちの多くは、親が一人の人間としてどう生きているか、一人ひとりの子どもを大事にできる親なのかどうか、正面から突きつけてくるようになりました。徹くんも、お母さんにそう突きつけています。お母さんは、これまでは徹くんをのびのびと育てようと思ってきたけれど、今のように、集団生活が苦手で、思考が外側に向かって拡散していくままでは、彼が社会に出ていくのは難しいことが分かってきました。現在、お母さんは賢治の学校のそばに引っ越し、徹くんは賢治の学校で学んでいます。

◆人を信じる力

こういう母子の人生は、彼女のおいたちの中で形成されたトラウマが、「子どもは自由に、のびのびと育てたい」というエネルギーに変わり、それを実現し、保障する道筋をつけていっているのでしょう。徹くんのお母さんは、自分の具体的な一つひとつの言葉や行動がわが子にとってどうなのか吟味し、自分が厳しい親からされてきたことへの反発の感情で子どもを育ててきたことを見直さなければならないところにようやく立ったのです。

彼女は、自分の思いに一つでも子どもがそむくと強い怒りがわいてくるのですが、意思の力でおさえています。「私は親との間でさんざん我慢してきたのに、これだけ自由にしてあげて、必要なものも買ってあげて、あなたのことを考えているのに、どうしてそれが分からないの」と怒りたくなるのですが、しっかり怒りをおさえています。徹くんも、本当のところは自分のそういう部分を母親が受け入れていないことを知っています。今の子どもたちは、親たちの本当の心を見抜く力をどんどんつけてきています。

人はよくも悪くも、ものごとの判断の物差しのほとんどは自分自身の体験の中でつくりだしたものでしかないため、意思の力で自分をおさえなければ、自分が親からされたことをわが子にもしてしまいます。そうならないためにも、つねに意識して自分をコントロールしなければ、親から虐待されて育った親は、わが子を虐待しかねないのです。

その日の食べ物をどうやって手に入れるかということに忙しく、そういうことを考える余裕がなかった時代もありました。社会がだんだん物質的に豊かになってきたことで、ものを考える余裕が生まれたのです。ところが親の世代と今の子どもたちの世代の余裕度の間には、かなりの差があります。親の世代では、その親から引き継いできた問題が表面化しないよう、無意識にコントロールしています。「これを言ってもだめだ」とからだが感じていて、外に出さないようにしているのです。

ところが、経済的、物質的、時間的、精神的な余裕がさらにできたため、自分をコントロールする必要をどこかではずそうとする意識の流れも生まれてきています。ところが今の社会は、コントロールをはずしすぎた子どもを受け入れる体制を整えていない状態ですから、当分混乱は避けられません。

親が取り組まずに山積みにしてきた問題が、いちばん柔らかなからだや心から噴き出しているという視点をもって、子どものからだや心に起きているメッセージに耳を傾けると、親は何をしなければならないか、混乱に取り組む糸口が見えてくるでしょう。どうして学校に行かなければならないのか、勉強をしなければならないのか、人と関わらなければならないのか。そのことに応えられる大人が、この国にどれだけいるでしょう。しかもいじめることもいじめられることもイヤ。自分の心に対して嘘をつくことも苦痛だと感じる子どもたちが、大量に出てきています。

こうして動けなくなった子どもを、人間関係のいきづまりと表現していいのでしょうか。もしかしたら、いきづまっていないとずっと思い込んできただけで、本当は、本心をなかなか言えない関係が依然として続いている、ともいえるように思います。今は農村共同体を作っていたころよりずっと自分が苦手だと思う人とつきあわなくてもすむ状況ができています。農村共同体として助け合って生活していたころは、同じ村にいる以上、否応なくつきあわざるをえないこともたくさんありました。嫌いな人間とでも顔を突き合わせなくてはいけません。そんなときでも、頭で考えていることと口で言うことが違うような状態で、何とかバランスを取ってきたのですが、都会でサラリーマンになる人が増えてから、「となりは何をする人ぞ」といった具合で、気の合わない人とはつきあわなくてもすむようになって、気は楽になったのです。しかし、そのことによって、一方では人と人が関わる力を弱くしていく方向にも作用しているとも言われています。

こんなことがありました。三年生の敦《あつし》くんの父親は、会社勤めをしています。会社では、自分の嫌いな人間ともつきあわざるをえない状況がありますが、かんじんかなめの主婦の母親のほうにはそれがありません。あるとき、少年野球のチームに入っていた敦くんが、「ぼくを試合をするメンバーにいれてくれなかった」と、家に帰って泣きました。敦くんの家は、夫婦で子育てをしていました。

子育てが母親任せになっているような家では、こういうとき、「なんてひどいことをするのかしら。そんな子どもたちと遊ばなくていいわ。お母さんとおでかけでもしましょう」と言ってしまうお母さんが多いのですが、この家は違っていました。たまたまその日休みだったお父さんは、

「そんなことはないだろう。お父さんと一緒に、みんなのところに行ってみよう」と言ったのです。そして、敦くんを連れて、試合をしている公園まで出かけて行きました。

するとどうでしょう。チームのみんなは、お父さんと一緒にやってきた敦君を見て、「あっちゃん、一緒にやろう」と気持ちよく声をかけたのです。もちろん、敦くんは試合に加わりました。もこれで敦君は人を信じる力を失うことなく、積極的に自分から働きかけることを学びました。もし、少しでも気にいらないことがあると、「そんな子と遊ばなくていい！」と他者を簡単に拒絶してしまうような育て方をされていたらどうでしょう。事態はまったくちがったものになり、子どもの心も閉じていってしまいます。

口では「人と違っていい」と言いながら、実際に違うと怒りだしてしまう人はたくさんいます し、私たち一人ひとりのからだの中にもそういう心がないわけではありません。人と違っていいと心から言えるということは、生易しいことではありません。自分と色合いの異なる人と関われない親たちは、わが子がよその子どもから意地悪されたりすると、すぐに「あの子はお母さんも前から嫌いだったのよ。親も嫌いだし、あんな子なんかと遊ばなくていいわ」というふうになってしまいます。

これでは、自分と違う考え方や行動をする人や、雰囲気を受け入れられない親をもっている子どもは、人と関わることがとても苦手になってしまうのです。しかも、親のなかには、日ごろ家では悪口を言っているような相手に対しても、本人を前にすると、「こんにちは」とごく普通に話しかける人もいます。そういう親の姿を見ていると、子どもは混乱し、大人の心を信用できなくなります。「お母さんには裏表がある」「生きるということは、時と場合によって顔を変えるということなんだ」というふうに学習していきます。どうも今の子どもは、「そういうことをしたくない」と言いだしているようなのです。そういうことだったら、人と関わることなどしたくないということになっていってしまいます。子どもたちのからだは、「本当のことをオープンに語って、それでもなおつきあえる関係を自分は求めているんだ」と言っているように思います。

親と親が、教師と親が信じあえる関係を作らずして、子どもに「人を信じなさい」と言っても無理です。人が信じられない社会は、人間関係も人と自然との関係もバラバラで、怖くて、子どもは安心して外に出ることができません。子どもたちは、人を信じるということを、言葉ではなく具体的な心や行動によって学んでいるのです。親が取り組んでいないことは、学びようがないのです。

幼い子どもにとっては、行動は理屈ではありません。親がしていることをそのまま写し取って、まねして学習します。親の言う理念などは学習しません。大人たちが使っている口先だけの言葉がいかにいい加減か、からだで分かっているからです。そういう親に育てられている子どもは、子ども自身もいい加減なことを平気で言えるように、自分を操作しなければならなくなるのです。「近頃の子どもは言うこと、やることに責任を持たない」と大人は言いますが、子どもは大人をまねているだけなのです。こういうことが分からないのは、親や大人たちが自分のしていること、自分自身の心の中で起きていることにまだまだ無自覚な子どもで、本当の親や大人になれていないからでしょう。

◆宇宙からのメッセージ

一九八〇年をさかいに、面白い子どもたちが生まれてきているように思います。彼らはだれも歩んだことのない道を歩んでいます。確かに親子や友だちとの間に生じた問題で苦しむ子どもたちもたくさんいますが、それもこれまでとは違って、自分のからだが納得できる人間関係を作ろうとして起きていることですし、また自分のやりたいこととして、人や自然とつながる創造的な仕事や研究に打ち込んでいたり、そのためのネットワーク作りや創作活動をしている子どもは、元気に生きています。

日木流奈《ひきるな》くんという九歳の男の子を紹介しましょう。彼は、重度の脳障害のため、からだが不自由です。流奈くんの両親は三十代ですが、二人の子育ては、それまで脳障害をもつ子どもの育て方とされてきたような方法とは大きく異なっています。ありのままのわが子を認め、引き受けています。わが子の手足が不自由なことを、決して嘆いていません。そういう両親から自分の存在をそのまま受け入れられた流奈くんは、日々、宇宙からのメッセージのような言葉を発信しています。

流奈くんは、「みんな自分のできることをすればいい」と言っています。生活のほとんどすべてを誰かの世話になっている彼は、自分に与えられているいのちを精一杯使う仕事をしているのです。彼は、一日じゅう、ドーマン法のリハビリ訓練をくり返さなければいけません。痛みに泣くことも多いのですが、「泣くから元気でいられる」「いつも感情をためないで、すぐに表現するから、愉快に生きていられる」と言うのです。

一九九九年八月十日に、流奈くんに会いに行きました。私が「流奈くんは何が楽しいの」と尋ねたところ、即座に「生きていること」という言葉が返ってきました。こういう流奈くんだから、心は青空、天心を映しているのでしょう。だから、流奈くんの言葉は私たちの心をうつのです。流奈くんは脳障害のため、立つこともしゃべることもできません。腹這いもほんの少しです。お母さんに抱かれ、支えられた手をわずかに動かして文字盤を差し、その言葉をお母さんが読み上げ、お父さんがワープロで打っていくのです。そうして記録された流奈くんの言葉は、四冊の本になりました。

流奈くんは、両親のことを「私の両親は私が脳障害と知ってもそれを嘆いたことがありません。私はそんなものだと思ってました。彼らは起きてしまったことを嘆いたりはしませんでした。どうしたらよいか最善のことを考えようとするのです。たぶんそれは私があの時死んでいたとしても変わることはないでしょう」と言っています。最善のこと、つまり自分ができるだけのことをするということの言葉は大切だし、その言葉の重みを感じます。

流奈くんはこうも言っています。

「私の母など私が苦しんでいても決して代わってあげたいと思ったことはないと断言します。父などはもっとひどくて私の管だらけの姿を指さして笑っていました。目の手術のあとなどもっとひどくて、顔中に包帯が巻いてあったため、再起不能の赤ちゃんモードの私を見せ物にして見せ物料を取ろうなどと冗談を言ってました。もしかしたら本気だったのかもしれませんが。ただ能天気な親たちと言ってしまえばそれまでなのですが、おかげで私は物事を悲観的にとらえる術を学ぶことなく、身体を動かすこともままならないというのに結構気楽な気持ちで生きています。プラス思考でという言葉をよく聞きますが、そう思考しようとしてもなかなか難しいもののようです。世間ではプラスに考えるというより、目の前のことを嘆くことなくそれを受け止め、最善を尽くせばいいのではないでしょうか」

嘆くか、そうなった事実を受け止めるかということは、大きく違います。たとえば、子どもが不登校になったことを嘆くのと、そうなった事実をしっかり受け止め、どうしてそうなったのかを考えるのとでは、子どもとの接し方も大きく変わってくるでしょう。

「結果がどうであろうとやることさえすれば問題ないと思います。人はどうしても誰かのせいにしたり、起きてしまったことを嘆いたりしすぎるのです。そうしてもいいのですが、いつまでも引きずるのはよくないと思います。幸せへの道はずばり能天気になることでしょう。思い煩うことはありません。何かに囚われる心が人を不幸にするのです。私のリハビリは確かにハードで辛いものですが、だからといって私は止めたいとは思いません。私にはやれる環境がそろっているのです。それなのにそれを放棄するということは、私にとってももっとも罪深いことです。ないものを探せばいくらでもあります。お金、地位、名誉、自分自身の声、動く身体、何もありません。そんなものはどうでもいいことです。私にとって。けれどあるものを見れば自分自身の幸運に感謝せずにはいられなくなります。両親、リハビリができる環境、ボランティアさん、きりがありません。私が存在することを許すこの社会は感謝すべきことで一杯です。私が幸運であるなら、その恩返しをしたいといつも思っていました。いただいた恩は大きすぎて返すことができません。ですから私はこうして語ることを始めました。縁ある方々に私の知る世界を語ることにより少しでも役に立てればと思ったのです。輪は回り、世界中の輪が結びつき、地球の「和」となる日まで、許されるかぎり私は語りつづけるでしょう、名なしの子供として」

流奈君のことばは、とても九歳の子どもが言ったとは信じられないように聞こえるかもしれません。この世界全体が宇宙の遊びであり、宇宙がいろいろな人のからだを通して、この宇宙とは何なのか、宇宙そのものを表現していると見ることもできるように思います。

流奈くんはこうも言っています。

「成長という言葉の意味を考え直さないといけないように思います。私たちの魂は光そのものです。カルマが発生するのは肉体を持つ身の上で学ぶためです。足りなかった学びを補うために、決して罰が当たっているわけではないのです。その辺を理解せず、恐れからいいことをしようとかしていると宇宙の法である愛に気づきづらくなってしまいます。物事は大抵の場合おおいなる摂理の下に起こります。でもその摂理も人の心次第で変えることができるのです。ただ運命とあきらめ投げやりになったら、人の心に隠されたたくさんのスイッチはいつまでもオフ状態のままです。きづきのスイッチは入れるべきものです。きづきのスイッチを入れるべき時代はいまです。悲しみを忘れるには時間がかかるでしょう。けれど飲み込まれることなく生きていただけたらうれしく思います」

彼が動けなくても、彼の書いたものはインターネットを通して多くの人に伝わっています。彼のような子どもを育てている両親のことを思うとき、若い人たちも変わってきていると実感します。自分が今日を生きるだけでも大変だという人も多いけれども、これまでは自分が生きることの大変さから目をそらして生きてきたのですから、そのことに気づくことは大きな変化だと思います。これは止めることのできない、後戻りできない意識の目覚めであり、変化です。世のなか全体が、大変ないきおいで変わっていっているのです。

◆有機農業の町、綾町の試み

宮崎県の綾町《あやちょう》に郷田《ごうだ》實《みのる》さんがいます。詳しくは、彼の著書『結いの心』(ビジネス社)をご覧いただきたいのですが、彼は、三〇年あまり前には夜逃げの町と言われた地域を、現在では年間じつに一二〇〇万人が訪れる町に変えました。彼は、一九九二年に町長を退くまで、じつに三六年にわたって行政にたずさわってきました。

綾町は、有機野菜、有機米の産地として現在は広く知られています。「有機」という言葉すら日本に定着していなかった三〇年前に、郷田さんは有機農業を町の人たちに勧めました。彼が大事にしていたのは、町民のニーズに答える行政ではだめだということでした。今の町民のニーズではなく、それが未来の子どもたちにとって本当にいいことなのかどうか問うことを、つねに大事にしました。町の人たちに対して、自分が健康にならない食べ物を作って他人に売るようなことについて、深く考えさせました。「一以下の人間になるな」と、彼は口癖のように言いました。

一以下の数は、どれだけ掛け合わせても一以下のままです。自分が食べられないものを商品として売る行為は、心が一以下です。いち早く農薬や除草剤の害を知った彼は、「自分が誇りに思えるものを作らなければいけない」と、それらの散布を止めます。

彼のそういった提案は、たやすく町の人たちに理解されたわけではありません。農薬や除草剤の使用を止めようと提案したときも、激しく反対されました。そういうとき、彼は徹底して議論をします。議論をできる人間、自分の頭で考えることのできる人間を育てるため、徹底的に議論しつくすのです。また、彼は絶対に根回しをしません。何事も話し合いで決めていくことを積み重ねます。自治が基本にならなければ、町はよくならないからです。そして、町の予算は、未来の子どもたちのために、もっとも有効に使っていきます。

彼は、営林署から国有林を伐採するよう命じられても、反対しました。しかし、木を切ると日銭が稼げる多くの親たちが、「切ろう」と言いだしました。彼はどんなに自然が大事なのか、膨大な資料を集め、一時的に眼が見えなくなるほど本を読んで学びました。そして徹底して住民たちと議論したのです。

一方で行政としての手も打たなければなりません。当時、炭焼きの作業中に山火事が起こることが多く、営林署がその立場上、消防団の意見に弱いということを郷田さんは知りました。それに国の森林を守るのは消防団の役目でもあります。それで消防団を説得して、伐採をストップさせました。諫早湾の埋め立ての場合はどうでしたか。干潟が埋め立てられてしまってから、「知らなかった」「こんなことになるなんて」と言いだす人たちが出てきました。でも、事前に徹底的に議論してさえいれば、そういう結果にはならなかったはずです。

彼は本物だと私が思ったのは、「教育は親である。親がまともにならなければ、教育はよくならない」という彼の考え方を知ったからです。彼はそれを実現するため、地域を育てようとします。その一貫として、自治公民館をつくって、地域で徹底討議をしていきます。つまり地域が子どもたちを育くんでいけるように力をいれたのです。

そういう地域で、神戸のA少年が起こしたような事件は起きるでしょうか。あの子が事件を起こす前に、公園のベンチでたばこを吸ったり、人を脅したりしていた時点で、地域の人たちが気づいて、両親と一緒にどうしたらいいのか考え、取り組んでいたはずです。大人たちのそういう助け合いを見て、子どもも助け合いを学ぶのです。大人がそういうことをしないのに、子どもだけで助け合いの精神を育てていくのは難しいのです。

「隣の人に後ろ指をさされないように気をつけなさい」「運転手さんが怒るからそんなことをしてはだめ」といったふうに、まわりの人を自分の都合のいいように使う母親もいます。そうではなくて、地域の一人ひとりが、未来の子どもたちのことを考えた上で今日のことにのぞむということ、何でもすぐ行政任せにしないで、自分たちのことは自分たちで治めるということを学んでいれば、子どもたちは人とつながること、人とともに生きることの希望が湧いてくるのです。

◆地域の恥

子どもたちが生活している地域社会とはいったい何なのでしょうか。子どもを中心にすえて考えると、地域の意味が見えてきます。「これからは地域の教育力だ」「地域でさまざまな行事をすることが大切だ」とよく言われますが、今の子どもたちにとっては、地域ほど怖いものはありません。神戸のA少年の家は、事件後どうなりましたか。親はどこに行ったか分かりません。「地域の恥だ」と言われ、住んでいた地域に戻れないのです。

学校で何か事件があると、その学校に通っているすべての生徒が、すぐに「あの学校の子」という目で見られます。東京の中野区にある区立富士見中学校に通っていた鹿川裕史くんが、一九八六年二月一日、盛岡駅構内のトイレで首をつって自殺しました。その遺書に「生きジゴク」とあったとおり、彼はいじめられていたのです。教師まで加わった「葬式ごっこ」の色紙が問題になりました。あの事件のあと、富士見中学出身の子どもが、「自分は富士見中出身だと言えなくなった」と言っていました。鹿川くんをいじめた子どもの親たちは、自分たちが地域で生き残るために、いじめを正当化してしまいました。その背景に、地域の親たちの群れがあるように思います。そういう親たちはいつも多数ですから、事件はうやむやになっていきます。

一九九三年一月一三日に、山形県新庄市の明倫中学校で起きたマット死事件の場合はどうでしょうか。体育館の用具室にロール状に巻いて立てられていた体操用マットの中心部の空洞へ、無理やり頭からさかさまに押し込まれ、放置されたため、児玉有平くんが亡くなってしまいました。あの事件は、どこででも起こりえます。事件直後に同じ中学に通っている七人の少年たちが逮捕、補導され、犯行を認めましたが、その後一転して否認し、現在に至るまで事実は明らかにされていません。死んだ子どもがいるのに、殺した子どもは一人もいないという状況になっているのです。

今の日本では、もしも自分の子どもが地域で大変な事件を起こしてしまうと、親はその地域にはとてもいられなくなると感じているのは想像のつくことです。また、地域も、そういう事件が起きたら地域全体の恥だと思うことでしょう。そして、町ぐるみ、村ぐるみで、地域のなかで起きた事件をもみ消していくのです。

◆息子が遺してくれたもの

十八歳になった息子さんが、三人の男の子に暴行されて殺された、というあるお母さんがワークに来ました。彼女はその少し前から、不登校になった息子さんを何とかしたくて、ワークに通ってきていた人でした。

彼女は、亡くなった息子さんを見たとき、「この子はここに来るために十八年間生きてきたんだ」と、自分のからだで分かったと言います。その気づきにいたる長い導火線に火がついたのが、亡くなる二年前に「高校に行きたくない」と息子さんが言いはじめた時だったことに気づいたそうです。

夜の十一時すぎ、暴行した三人によって病院にかつぎ込まれた息子さんは、翌日の午前二時前に亡くなってしまいました。救命医療が行なわれている間、彼女は、息子さんが十八年間生きてきた意味を見つめつづけ、その間に起きたあらゆるできごとがつながりあっているのが見えてきたというのです。

息子さんが暴行された日は、娘さんの卒業式でした。息子さんからすると妹に当たります。仕事を休んで卒業式に出かける用意をしていた母親に向かって、息子さんは「妹のことをお願いします」と言って、遊びに出ていったそうです。どうして息子さんが自分の妹のことをそんなふうに頼むのか、その時の彼女には分かりませんでした。

翌日、息子さんは解剖されました。家のなかで一人、息子さんが切り刻まれるのを待つことに耐えられなかった彼女は、たまたま同じ日だった娘さんの合格発表を見に出かけています。娘さんは不合格でした。その後、息子さんのお葬式まであまりに慌ただしく日が過ぎてしまったため、彼女のなかには、息子さんがいつか帰ってくるのではないか、といった思いが残っていました。

息子さんに暴力をふるった男の子たちの親が、事件のあとも彼女の家を訪ねてきます。このできごと全体が、彼女には息子が遺してくれた自分へのメッセージのように感じられてきました。すべて息子さんが仕組んだことのように思えてきたのです。彼女が住んでいる地域の人たちは、彼女のことも、彼女の息子さんを殺してしまった子どもたちの親のこともよく知っています。彼女を地域ぐるみで支えようとしてくれているし、息子さんを殺した子どもの親たちも、事件の直後に彼女を訪ねてきて、「子どもがしたことの責任は自分たちが取る」と言っているそうです。

地域の人たちには、被害者の親と加害者の親の双方の気持ちが分かります。事件のあと、彼女は近所のある女性から、「自分の息子も殴られたことがきっかけで学校に行けなくなっている。でもまわりの誰にも相談することができなくて、とてもつらかった」と相談をもちかけられるようになりました。泣くこともできなかったと訴えたその女性に、「あなたが泣かなかったら、子どもだって泣けないでしょう」と話したことによって、彼女自身、まわりに受け入れてくれる人がたくさんいたから、つらくてもやってこられたということに気づいていきます。

息子さんの死後、彼女はまわりの人と関わり、自分もまわりから支えられていることに気づいていくのですが、後になってみると、まわりの人たちと関わっていくことのなかに息子さんを生かす方向が見えてきて、地域の人たちと関わっていく大切さを息子さんが教えてくれたように彼女には思えてきたのです。

彼女は、「息子を殺してしまった子どもたちを責めるのではなく、彼らとも一緒に生きていくことができるようになりたくて、もう一度ワークに参加しました」と言いました。息子さんを亡くしてから、「この子と一緒にこれからも生きていきたい。何らかのかたちで生かしてやりたい」と思うようになり、どうしたらそれができるかを探しています。

彼女のなかには、加害者の子どもたちを責めたい気持ちがまったくないわけではありません。裁判で、息子さんが三〇分にわたって暴行を受けつづけた事実を聞かされると、平静ではいられませんでした。その事実を知らされるまで、彼女は「息子の死は事故だ」と、自分に言い聞かせて過ごしてきたからです。それでも、加害者の子どもたちを責める感情をいつかは浄化して、一緒に生きていきたいと真剣に思えるところまで、怒りを浄化させ、つらくてもそこに向かわなければ自分自身も生きることができないことに気づいたというのです。

こういう親たちの心は、この親だけにとどまらず、この親に立ち会う人、立ち会わない人も含めて、この世を浄化していっているのです。

あとがきにかえて

今、私は、こんなところに立っています。

「すべての子どもは、親である自分自身も含めて、自分の意思と意志をもって生まれてきている。たとえ本人が、『とんでもない。生まれてくるんじゃなかった』と口にしてしまうほどのたくさんのつらい体験を重ねている人生の道の途中にあったとしても」

本当に多くの苦しんでいる若者、大人、親、子どもたちと向き合っているうちに、どうしてもこのように思えてならないところにいたったのです。

そしてまた、「この苦しみは、その人その人にとって、自分の魂が本当に自分自身を生ききっていくために取り組まなければならないこととして、その人にプレゼントされているもの……。どんなにその人にとって受け入れがたく、つらく、苦しいものであっても、その人の魂はそれに取り組む力を内包している。それに取り組むことこそが、その人の人生の道の仕事。その仕事あってのその人なのだ。それに取り組んでいく過程すべてが道であり、それによって自分を表現し、生活し、文化をつくり、天と地とつながり、自分の精神、魂を自由にしていくことを可能にしていく。その道に入ってこそ、天と地のおおいなる力がその人の内なる力に作用し、人はもっとも自分らしく自分を生きることを可能にする。誰かに自由にしてもらうのではなく、自分の力で実現していくその道にあって、人は死を恐れなくなる。それは、自分がその親を選んでいるわけ、自分の生まれてきたわけは何なのかが分かってくる道なのだ。自分を生ききるとはどういうことなのか、どのようにしてこの大地にあらゆるものとつながっている自分を打ち立てるのか、それを学び、実現するために、私たちは心の闇と向き合う体験をしているのだ」と。

このことが、宮沢賢治のいう「正しく強く生きるとは銀河系を自らの中に意識してこれに応じて行くことである」「われらは世界のまことの幸福を索《たず》ねよう　求道すでに道である」の具体的行為ではないでしょうか。こんなことを言うと、「あまりにも超自然的でヤバイ考えだ」「鳥山さんもついに宗教につかまったか」と拒否される方もたくさんおられることでしょう。しかし、なぜ人類は、戦争、原子力、環境破壊、大量殺人、暴力などを繰り返し、これ以上進めると人類の存在自体が危うくなるところまでやってきたのでしょう。このことを、私たちはみずからに問わねばならないのです。

人類は、二〇〇〇年を迎えて、目に見えない心の領域を、「宗教」といわれる分野の特権としてではなく、一人ひとりが自分のからだで感じ、思考できるところまで、ようやく歴史を進めてきたように思えるのです。これまでの宗教は、社会が巨大化していく歴史の中で、構造的にも精神的にもつねにピラミッドをつくりあげつづけ、個の自立、つまり「一人ひとりの個が立ち、かつこの世界の中心である」という考えを排除し、特定の権力者を生み出し、その上に成り立ってきました。さらにその権力を誇示するためのたくさんの信者と大きな建物を持ち、莫大な資金を集めて、信者の心を支配してきたのです。

そういう「宗教」の怖さを見てき、また今も見ている私たちが、「宗教」と一定の距離を保ち、用心深く接してきたのも当然といえるでしょう。しかし、その距離をしっかりとりながら、個々の、あるいは人間全体の心の中に起きていること、その身にふりかかってき、今もふりかかっている問題を見たとき、心を自分たちのやり方でとらえなおしてみる必要を強く感じるにいたったのです。つまり、私たちにとってもっとも大切なことは、一人ひとりのやり方で、自分の心の光と闇の問題にしっかり取り組むべきところにきているということです。自分の心の問題は、わが子を育てたり、パートナーや職場や友人との関係の組み方の中に立ち現われてきます。ところが、私たち日本人は、心の問題に取り組むということが分かりにくいところにいることに気づかされてきました。

というのは、こういうことです。私たち日本人の多くは、一般的に「人に嫌われたくない。どの人からもいい人だと思われたい」という心が強く働いています。そのため、自分で苦労しながら自分のやり方を見つけようとはせず、人の指示をあおぎ、人の援助を待っています。こういう他人依存の指示待ち行為は、誰かの言葉に左右される結果を招きます。自分が信頼している人の言葉や、カレンダーなどの格言めいた言葉、占いの類いに左右され、そのことに取り組むことが心の問題に取り組むことだと錯覚し、言われていることをただなぞるだけで、自分の本道から逃げているのです。そのため、その取り組みは深まらず、本当の自分の心や、本当に自分がやるべき仕事が分かりにくくなってしまっているのです。

また一方で、何らかの「宗教」に依存することによって、自分の心の問題と向き合っていると錯覚し、逃げる人もいます。「私は自分の悪とも向き合っている善人だ。お金に執着はしていないし、家内の安全、健康にもほどほどの気を配り、人の恩にも感謝し、多少のほどこしもし、ボランティア活動もしている」と。

いずれも、内なる悪と善に向き合わず、自分の心がなぜか生きるのが苦しく、むなしく、不安定になってくるのを何とかつくろおうと、さまざまな心の手をうつ行為です。さらに、「悪に負けない心をつくって救われるためには、魂の修行をしなければならない」と脅迫され、教祖のワナの中に落ちてしまいます。これもまた、心の問題に本当に取り組むことから逃げているもう一つの形です。

最近のさまざまな事件は、こういう逃げ方の顛末を、目に見えるかたちで見せてくれているのではないでしょうか。精神・心・魂と本当に向きあっていくことにそれぞれのからだで取り組まずに、すぐに神的神、自然的神、人間の神、教祖といわれるさまざまな形の神に依存することがどんな道に行き着くのかを、しっかりと教えてくれるように思うのです。また、そういう事件を見るたび、「どうしてみんな簡単にだまされるのだろう」と思いはしても、じつは自分も国家、社会の価値観を信じこみ、それに依存していることには気がつきません。人間はかくも信じやすく、だまされやすく、不安な心をもつ存在なのです。私たちには、こういう事実を、一切の評価を加えず、見る力が必要です。

その上に立って、いかに自分の心がたくさんの問題をかかえ、この社会をつくり、さらにその問題に気づけないでいるのかを自覚しなければなりません。そのために、日々、事件というかたちでたくさんのメッセージを内と外に送ってきてくれているのです。それらは、すべて自分自身に気づかせてくれるためのメッセージです。そのメッセージを一刻も早く読み取ることのできるからだをつくり出さないと、自分の心や外の世界で起きていることの本質を追求していく姿勢が生まれないでしょう。

私は、長い間、親が子どもを苦しめていることに無自覚で、学校や社会のせいにして自分の問題として取り組んでいないことに怒っていました。ところが、ここ数年、ワークの中で、子どもだけでなく、その親自身も、子ども時代、魂を抜かなければ生きられないほどの精神的・肉体的なひどい虐待を虐待とも思わずその親から受けていた事実に何度も立ち会い、その苦しみにふれていくうちに、かれらがその虐待を体験する必然と、そのことに取り組む仕事を持っていること、さらにはそれに取り組むことによってしか、この社会が、魂が進化していかない状況になっているという、内と外の精神世界のしくみについて、深い気づきを得るにいたりました。

何と親子は、愛と憎しみを表裏一体としながら、そのただならない深い因縁でつながっていることでしょう。私は、無数の親子の不思議な関係とその濃密さにすっかり魅せられ、そのおかげで考えをさらに深めていくきっかけをたくさんいただきました。ここにいたると、「この子の親はいい親だ」「この子の親はひどい親だ」という視点や次元から親子を見ては、取り組む道が見つかりません。たとえ、子どもにとってどんなにひどい親であっても、その子どもはその親を必要とし、魂のレベルで選んで生まれてきたのです。これは言葉で説明することではなく、一人ひとりが自分の心と外の世界にしっかりと向き合っていかなければ分からないことなのです。

あるとき、私は、三一歳でアトピーになった息子に、彼を身ごもった初期に風邪薬を飲んだことを話し、謝りました。すると「お母さん、これはぼくの人生の課題なんだ。これを取ったら、ぼくはいなくなるんだよ。こんなことで謝るようじゃ、まだ修行が足りないね」と言われてしまったのです。そう言われても、申し訳なく思う心がすっかり消えるわけではないのは、自分を善人と思いたい心のかけらのなせることなのかもしれません。

この世のことを、どちらがより善なのか・悪なのか、優れているのか・劣っているのか、平等なのか・不平等なのか、自立なのか・依存なのか、自由なのか・不自由なのかといった対立する概念で比較してみても、本当のことは見えてこなくなるばかりです。つらい体験は、苦しいけれど不幸なことではなく、その人にとって、いまその苦しみの中で取り組まなければならないことが起きているだけなのです。たとえば、親子関係だけではなく、戦争という恐ろしいことにしても、人類が自分の心と心のつくった世界にしっかりと向き合うために起こしてしまったことだったのです。

「学校は何のためにあるのか」

「学校は何をするところか」

三〇年も公立学校で教師をしてきた私がこの問いにすぐには答えられないのは、どうしてなのでしょうか。おそらく多くの教師は、自信をもって「学校とはこういうところだ」と言えないでしょう。なぜなら、学校が子どものために存在してこなかったことを背景にしているからです。

多くの教師自身は、こんなことを教えていったい子どものためになるのかという疑問を抱いていることが多いにちがいありません。

それなのに、そういう中にあっても、自分は少しでも子どもたちのために仕事をしているのだと何とか自分に言いきかせる善意の心が作用して、自分のやっていることが子どもにとって本当はどうなのかということを、醒めて見る目をくもらせています。そのために、学校の中にいればいるほど分からなくなるしくみになっているのでしょう。それは、学校が国家の機関として、国家の目指す方向に子どもたちを教育するために誕生してきたという歴史的事実を見れば分かることですが、少しでも子どもたちにとっていい場所にしたいと思う「善」なる心が、学校制度の本来の目的を分かりにくくさせていたのです。そのために子どもたちにとっての本当に必要な学校をつくり上げていく方向が見えず、力もわいてこず、今日のような状態をつくってしまったのでしょう。

公立小学校での三〇年、賢治の学校での六年は、私にとって私自身の問題が何か、私たちのつくった社会の問題がどこにあり、それはこれからの子どもたちにどういう問題を先送りしているのかを考えつづける日々でした。それは、大人になる、親になる、教師になるとはどういうことなのかに焦点を結んでいき、親の仕事、教師の仕事を一から問いなおす作業にもなっていきました。

二〇〇〇年一月十日の成人式の会場での、とても成人になったとは思えない若者たちの行為をマスコミが取り上げていましたが、そういう若者に育てたのはほかならない私たち親であり、教師であり、それ全体を包み込む社会です。その若者が親になって、子育てし、その子どもを学校に送り込むとき、学校の改革や教師自身の変化が追いつかなければ、学校そのものが成りたつはずもありません。先日、「二十一世紀日本の構想」懇談会が小渕恵三首相に提出した報告書に「義務教育は週三日に減らし、残り二日は補習やスポーツにあてる」という画期的な提言がもりこまれました。これでもっと親たちは、学校と親の仕事について検討する機会を得るでしょう。

一九九九年一二月一五日から二五日まで、賢治の学校のスタッフと教師、親のおよそ二〇人は、ドイツのニュルンベルクにあるシュタイナー教員養成学校の先生たちの好意で、特別の講義を受けました。そして、ニュルンベルクのシュタイナー学校で教師をしている娘の雅代の通訳で、深い学びの時間をもちました。早朝八時から夜まで、オイリュトミー、シュタイナー教育学、人智学、フォルメン線描、水彩画と、びっしりのスケジュールでしたが、私たちは全員、あらためて人間というものについて深く考えさせられる気づきの多い学びとなりました。

これまでの日本の学校は、そもそも人間とは何か、どうして自分がこの地上にいるのかを考えず、国家の目的を推進するための人材養成機関にされてきました。ここでは、肉体、魂、精神、心の概念がごたごたに語られ、私たちは教育の根本を問うより、消費者を育て、自分の物質とお金と肉体の欲望だけを満たそうとする人間を育てることにつき動かされてきたように思います。からだや心の解放を言いながら、そのじつ欲望の亡者になり、自分だけが中心で、自分の気持ちや状態だけを最優先し、自分の存在自体がたくさんのつながりの中にいることをすっかり見失ってしまい、感謝すること、尊敬、畏敬の念をもてなくなってしまったようです。そういう子どもや若者、いや、今や親と言われ、大人と言われる人も、ほとんどがその次元に自分をとどめて、いつも自分を社会や他者のかわいそうな被害者にしたり、要求、欲求をするばかりで、自分が他者に、世界に何をしているのか客観的に見ようとせず、それをあたりまえとするところまで心の闇を露呈してきました。心からの謙虚、信頼、感謝、恩、尊敬、畏敬の心のないところでは、怖くてとても他者と関われません。これでは人と人、人と自然がつながることは不可能です。人の話、自然や宇宙の声を聞くことなど、とてもできることではありません。

また、人がばらばらになってしまったのは、内なる修羅、競争、疑い、不満、嫉妬、憎しみなどの心と自分が向き合っていないからでしょう。自分という存在が、じつはたくさんの人や自然、しかも、過去、現在、未来の人や自然、宇宙の力のおかげであることに目覚めた時、ただ言葉としての押しつけの謙虚、信頼、感謝、恩、尊敬、畏敬の念ではないものを自分の中に目覚めさせ、誕生させることができるようになるのでしょう。

親が教師やパートナーの悪口を子どもたちに言う中で、どうして謙虚、尊敬、畏敬、信頼、感謝といった、人と人を、人と自然をつなぐ心が育つでしょう。この心がないところで、学校教育が成り立つはずがありません。しかし、では国家がつくった学校の権威がこれだけ壊されてしまったのは意味のなかった無駄なことかといえば、そうではないでしょう。私たちは、形ではなく実質の、上からの押しつけではなく内的に湧き上がってくるものを、おのおのが獲得するために、また自分の言葉が本当の内実をともなったものになっていくために、この苦しいプロセスが必要だったのでしょう。人類がなんとかして一人ひとりとしてこのことをそれぞれの体験と思考の中で探究し、生み出すために、これらの歴史と事件と時間が必要なものとして、私たちの身にやってきているのでしょう。家庭や学校の教育が本来は何なのか、どうあるべきかを、これでもかこれでもかと考えさせるために、教師と子ども、親と子どもの今までの関係が一三〇年以上も続いているのでしょう。

さて、二〇〇〇年を迎えて、親の本当の仕事は何か、教師の本当の仕事は何かを考えなければなりません。賢治の学校は、これからさらに親と教師が力を合わせて、子どもたちにとってどんな学校が本当に必要なのかを模索していくでしょう。その過程では親も教師になる力をつけ、ただ教師にお願いするという関係から脱していく人もたくさんでてくるでしょう。

そのために私たちは、幼児、小中学校の充実に、親たちも含むすべてのスタッフが取り組むことにしました。この取り組みのなかで、数年後には私たちはもっと親の仕事、教師の仕事について具体的に語れる言葉を持つことでしょう。それは生産の形態も含めた生活の創造、それこそ賢治がいうところの「われらの田園とわれらの生活を第四次元の芸術に高めようじゃないか」ということの具体的な実践の報告のような気がします。

この四月から、私は子どもたちのからだや心にとって健康な農業生産物をつくる農業をめざして、当面宮崎県の綾町にも百姓として通うことを決めました。もちろん東京賢治の学校にもいますし、全国各地の賢治の学校にも出かけて行きますが……。ここでは、元綾町長で、今は日本生態系農業協会会長の郷田實氏のお力添えで、賢治の学校「綾自然農生活実践場」を四月に開校するため、校舎と宿舎をかねる大きな馬小屋の改造工事が急ピッチで進められています。

まさに、一瞬の手ぬかりなく、私自身の、大人として、親としての生き方が問われているのです。

さて、本書は、法藏館の林美江さんの協力なくして、形にすることは不可能でした。忙しく動き回っている私をじつに根気強くはげまして下さることで、やっと本の形になったのです。どんな言葉を重ねても、お礼を言い尽くせるものではありません。

最後になりましたが、この本が、この本を必要とする人の手にわたっていきますよう、心より祈っております。

二〇〇〇年一月一二日

鳥山敏子

「賢治の学校」は、子どもたちが希望をもって生きられる社会を、親や大人の責任においてつくろうと呼びかけあい、一九九四年に誕生しました。以来、子どもたちの息苦しさの原因を、家族、学校、社会での人間関係のありようや、教育、社会のシステムに焦点をあててワークという形でさぐり、それぞれが心の整理をし、自分の足で立ち、新しい関係をつくり上げていくための手助けを続けています。

そのために、幼児クラス、小学クラス、中学クラス、高等部クラス、若者クラスのほか、大人クラス、親クラスと、働く人のための夜のクラスを設置し、講座やワークショップの形も併用しながら、さまざまな学びと遊び、生産と労働、表現と癒しの場をつくってきました。二〇〇〇年四月には、宮崎県綾町に「綾自然農生活実践場」をオープンし、共同生活の中で日本の農業やこれからの生活のあり方を摸索していきます。

各地の「賢治の学校」について知りたい方、鳥山ワークを希望する方は、東京　賢治の学校事務局にお問い合わせください（〒一九〇—〇〇二三　東京都立川市柴崎町四—三—十八　池戸ビル／TEL〇四二—五二三—七一一二／FAX〇四二—五二三—七一一三／E-mail：kenji-gakkou@ma.neweb.ne.jp）。

鳥山敏子（とりやま　としこ）
1941年広島に生まれ、香川で育つ。1964年から1994年までの30年間、東京の公立小学校教諭を務め、子どもたちが子どもとして生き、安心して楽しく学べるよう、学校や授業のありようを探り、教師と親の関係づくりに取り組む。二人の子どもを育て、賢治の学校での活動を通して、自分自身を生ききることのできる主婦、母親、家族について、摸索を続けている。1992年から、8年の歳月をかけ、映画「宮沢賢治の教え子たち」の11本のシリーズを完成。著書に、『生まれかわる家族』（法藏館）『居場所のない子どもたち』（岩波書店）『子どもの声が聞こえますか』（法研）『いのちに触れる』（太郎次郎社）ほか多数。

親のしごと 教師のしごと
―賢治の学校の挑戦―

2000年3月10日　初版第1刷発行

著　者　鳥山敏子

発行者　西村七兵衛

発行所　株式会社 法藏館

京都市下京区正面通烏丸東入
電話 075(343)5656
振替 01070-3-2743

印刷 亜細亜印刷　製本 常川製本

ISBN4-8318-7255-5 C1037　Printed in Japan